脳血管障害
CVA保健医療ソーシャルワークと人権

安井 豊子
Yasui Toyoko

風詠社

目次

第3章　保健医療・福祉政策がもたらすCVA患者の保健医療ソーシャルワークの現状と課題 ―ソーシャルワークプロセスの中断化・分断化の視点から―

装幀　２ＤＡＹ

序章

疾病や障害あるいは老いは、人々に身体的な苦痛を投げかけるだけではなく、人々の人生・生活の中に様々な心の不安や生活課題をもたらす。あるいは、貧困や虐待、ドメスティックバイオレンス等の生活課題が疾病や障害をもたらすことも多々ある。保健医療ソーシャルワーカー（Medical Social Worker 以下ＭＳＷと略す）は、このような課題を解決あるいは緩和し、患者や家族が安心して治療を受け、心身に障害を抱え医療管理を必要としたとしても、人として尊厳ある生活、すなわちいのちと生活が保障された人生を地域社会において繰り広げていけるよう、社会福祉の専門的な視点に立ち、専門的援助を展開していくことを職業倫理としている。よってそのアイデンティティは、保健医療の場で医師、看護師、薬剤師、理学療法士、作業療法士、検査技師等の保健医療スタッフと共に、保健医療チームの一員として医療機関に働く社会福祉の専門職であるという点にある。

わが国の保健医療ソーシャルワークは、第二次大戦前にアメリカで教育、実践を学んだ浅賀ふさ[1]によりその第一歩が記された。その後約70年間、実践家と研究者の努力のもとに今日に至っている。しかしながら、わが国の疾病構造の変化や社会状況の変化、そして特に近年の保健医療・福祉政策のめまぐるしい展開は、対象者の生活課題すなわち保健医療福祉課題を変化させてきた。あるいはむしろ多様化、複雑化させてきた。そのことにより、対象者の保健医療福祉課題を解決する援助としての保健医療ソーシャルワークのあり方も、第二次世界大戦後、医療現場に持ち込まれたアメリカにおける保健医療ソーシャルワーク実践やそれを裏付ける理論的ベースに依拠し続けることが困難となり、新たな変革が求められてきていると言っても過言ではない。

第二次世界大戦後の保健医療ソーシャルワークのあり方は、結核患者が治療に専念する際の医療費の支払いや、療養中の患者および家族の生活費の保障に向けての援助、すなわち経済的問題解決および緩和への援助が中心であった。また、当時の保健医療ソーシャルワークは病院の中でのケースワークであり、アメリカの伝統的ケースワーク理論に基づいたものであった傾向が強い。その後、国民の生活構造の変化は、新たな貧困問題を生み出し、さらに高齢化社会から、高齢社会、少子超高齢社会[2]への突入もまた保健医療福祉課題の変化や多様化、複雑化を呼び起こす大きな要因となった。そして、医療技術の進歩や生活様式の変化に伴い、疾病構造も大きな変化をきたした。

その一方で国民の生活といのちの保障を第一に守るべく配慮されたものとは言いがたい、国の経済原理に基づく経済政策に支配された保健医療・福祉政策が打ち出され、国民が抱えるべき保健医療福祉課題は、ますます深刻化してきた。このようなわが国の医療を取り巻く情勢の変化に伴い、保健医療ソーシャルワークのあり方も時期に見合った医療福祉課題に対応しうる実践のあり方を模索し続けてきた。第二次大戦後の貧困と経済的問題を断ち切り、人々のいのちと生活を保障していくことを中心とした病院内でのケースワークを中心としたものから、対象者の家族支援、なにより対象者を地域における生活の主体者としてとらえた上で、発症から地域生活に至るまで、また地域での生活の継続にまで及び、医療機関内の医療従事者との協働・連携から地域の関係機関、地域住民等との協働・連携の上に立った、保健医療福祉課題解決への援助を展開するものへと発展してきた。そのことは、ソーシャルワーク理論の立ち位置から検討すれば、直接的な対人援助から、コミュニティを射程に入れた援助、援助計画を策定するための社会福祉調査の方法、対象者の権利擁護としてのソーシャルアクション、社会福祉の運営管理とコーディネイトやチームワーク、連携・協働等のその他関連技術の統合化であるジェネラリスト・ソーシャルワーク[3]に発展してきたと言える。

ただ、このような保健医療分野のソーシャルワークをとりまく医療情勢、そしてそのことから引き起こされる医療福祉課題に対応するために保健医療ソーシャルワークのあり方の検討は、常にその導入過程も大きな要因となっているであろうが、極めて技術主義的傾向にあったことは否めない。

アメリカ医療ソーシャルワークの導入後の歴史的過程において、保健医療分野の医療ソーシャルワークは、1952年から『大阪社会福祉研究』紙上で始まった「社会福祉本質論争」→「公的扶助サービス論争」→「仲村・岸論争」の経過の中で、これと重ね合わせながら展開した、1965年の雑誌『医療と福祉』に掲載された「医療社会事業論争」[4]によって、技術論的立場と保健医療ソーシャルワークの位置と性格を国の医療福祉政策と対象者の抱える課題、すなわち保健医療福祉課題との関連でとらえる政策論的立場との議論が展開した。

しかしそれは各自の立ち位置における持論の主張であり、決して両者の統合化には至らず、その後もわが国の保健医療ソーシャルワークは、技術主義に傾倒することにより、その専門性を見出そうとする伝統的・古典的潮流が大きな位置を占めてきたと言っても過言ではない（真田是　1979）。この「医療社会事業論争」（孝橋正一　1965）（仲村優一、中園康夫、児島美都子　1965）の詳しい中身とその後の論争を経て発展してきた政策論的視点を組み込んだ保健医療ソーシャルワーク理論については、本論第2章1の

(3)で述べている。しかし一方、保健医療ソーシャルワークの対象を現代資本主義が生み出す社会問題としてとらえ、したがって医療ソーシャルワーク実践も基本的に規定された労働としてその性格をとらえつつ、患者・住民の健康・生存・発達を総合的に保障しうる労働のあり方を追求する活動の展開とその成果も出てきている。[5]

本著では、前者を「技術論的保健医療ソーシャルワーク」、後者を「政策論的保健医療ソーシャルワーク」と定義し、前者を主流とし発展してきたわが国の保健医療ソーシャルワークが、今日実践の場で抱えている問題を脳血管障害患者（Cerebral Vascular Attack 以下ＣＶＡ患者と略す）の発症から地域での生活の再構築に向けた心理・社会的援助である保健医療ソーシャルワークを取り上げて明らかにする。その上で、保健医療ソーシャルワークが保健・医療の第一線において、人々のいのちと生活を守る社会的役割を担う社会福祉専門職であるために、技術論的・政策論的両者の保健医療ソーシャルワークの統合的視点が迫られている現状を明らかにし、両者の統合的視点のもとでのＣＶＡ患者の保健医療ソーシャルワークのあり方を検討する。

本著の背景には、わが国の保健医療ソーシャルワーク導入以降70年の間に、特に１９８０年以降、大きく以下の二点のわが国の保健医療ソーシャルワークを取り巻く状況の変化が現れたことにより、そのあり方が、技術論のみでは対応できない現実に直面していることがあげられる。

一点目として、疾病構造が変化、多様化し、今日では精神障害、癌、エイズ、公害病、難病、事故や脳血管障害などによる障害、ドメスティックバイオレンスや児童虐待による障害、生活習慣病等々の疾病や障害への対応が迫られ、それらの患者の抱える生活課題は非常に複雑かつ多様でまた困難なものであるということ、つまり、現代の疾病や障害を抱える人々の背景にある心理・社会的問題は、非常に複雑かつ多様性があり、解決困難なものであるということがあげられる。

二点目として、医療の供給体制はわが国の保健医療・福祉政策に基づいて形成されており、保健医療・福祉政策は、疾病構造の変化やそれに伴う患者の生活課題を見据えてはいるものの、何より政治経済状況を鑑みた上での変革であるということがあげられる。すなわち1980年以降の保健医療・福祉政策の展開が、国民のいのちと生活を保障（以下、生存・生活権保障と称す）する社会保障であるべきはずのものが、経済成長率の低迷や、それによる国家財源の緊迫化を理由とし、財源の切捨てという国民生活の犠牲的政策を展開してきているということがあげられる（加藤薗子　1989）。

この保健医療・福祉の政策路線は、1990年代に入りより拍車がかかり、1990年代後半から打ち出された社会福祉基礎構造改革や医療制度改革は、2000年以降その具現化がはかられてきた。

これらの二点から、昨今のわが国の保健医療ソーシャルワークは、これまでの技術論にのみ傾倒してきた保健医療ソーシャルワークでは、対象者の複雑かつ多様化した保健医療福祉課題へのアプローチに対して限界に達してきていると考える。そして、今日の保健医療ソーシャルワークの対象課題である医療福祉課題を、対象者個人とその生活環境からとらえる技術主義と、わが国の経済至上主義原理から導き出される保健医療・福祉政策がもたらす生活問題（医療福祉課題）としてとらえる政策主義の両面の視点が今まさに求められ、保健医療ソーシャルワークとは、現代の保健医療・福祉政策との関係性において保健医療福祉課題を持つ人々の生存・生活権保障を獲得する実践であるという視点を踏まえて、その援助のあり方を検討していかねばならないという課題に直面していると言える。

本著では前記したようにわが国の保健医療ソーシャルワークが、技術論的保健医療ソーシャルワーク論に依拠し続けてきたことにより、対象者の生存・生活権保障を価値・倫理とし、医療福祉課題の解決にむけての援助であるはずが、近年の保健医療・福祉政策の展開により、その使命と働きを果たすことが困難になってきたという認識に基づき、いくつかの症例に関わる保健医療ソーシャルワークの中で、前記であげた現状や課題を如実に表しているＣＶＡ患者を対象とした保健医療ソーシャルワークを取り上げる。そしてＣＶＡ

患者に対し、近年の保健医療・福祉政策の展開がその援助プロセスにおいてどのような課題を投げかけ、そのことによりＣＶＡ患者の生存・生活権保障に如何なる問題を生じさせているのかを明らかにする。

その上に立って、ＣＶＡ患者がその発症から身体的、心理・社会的リハビリテーションを経て、地域社会において、生活の主体者としての生活の再現を確保するに至るまでの支援を行う保健医療ソーシャルワークのあり方について、技術論と政策論の双方の立ち位置からの検討を行い、双方の統合的視点のもとでの保健医療ソーシャルワークのあり方を検討し、ＣＶＡ患者の生存・生活権保障を理念とした実践活動に通ずるものであることを示すものとする。

注：

1　浅賀ふさはシモンズ社会事業大学で学び、リチャード・ギャボットが医療ソーシャルワークを導入したマサチューセッツ総合病院でアイダ・キャノンから専門訓練を受けた日本で最初の人である。聖路加国際病院では１９２９年に帰国した浅賀ふさを担当者として医療社会事業が始まった。浅賀ふさは結核相談所を開設し、社会的問題を抱えた貧困患者を対象に予診をし、問題発見をし、医師に提供するとともに、療養の問題等についても相談援助した。あわせて、保健婦と協力して家庭訪問も活発に行った。

2　高齢化社会という用語は、1956年（昭和31年）の国際連合の報告書において、当時の欧米先進国の水準を基に、7％以上を「高齢化した（aging）」人口と呼んでいたことに由来するのではないかとされ、高齢化率（65歳以上の人口が総人口に占める割合）によって、高齢化社会（高齢化率7％から14％）、高齢社会（14％から21％）、超高齢社会（21％以上）に分類される。日本は1970年（昭和45年）に高齢化社会に、1994年（平成6年）に高齢社会に、2007年（平成19年）には超高齢社会となった。

3　社会福祉の実践方法であるソーシャルワークは、従来のケースワーク、グループワーク、コミュニティ・オーガニゼーションの3方法の分立から、一般システム理論（ルートヴィヒ・フォン・ベルタランフィ）の影響を受け、ピンカスとミナハン（1973年）、ハワード・ゴールドシュタイン（1973年）、スペクトとビッケリー（1977年）、生態学的アプローチのジャーメインら（1980年）の業績により、現在はソーシャルワーク方法の統合化＝統合ソーシャルワークの思考を導くに至っている。ジェネラル・ソーシャルワークまたはジェネラリスト・ソーシャルワークは、統合ソーシャルワークとほぼ同義である。秋山薊二は「ジェネラル・ソーシャルワークとジェネラリスト・ソーシャルワークは基本的には同じ概念で、ジェネラルは方法の統合を、ジェネラリストは分野の統合を基本的に指向している。また、現在では分野統合を基本にしたジェネラリスト・ソーシャルワークが定着している」としている。

4　『医療と福祉』（日本医療社会事業協会編集・発行の機関誌）の誌上において1965年第2巻4号、5号、9号にて行われた論争。孝橋正一の問題提起に始まり、仲村優一、中園康夫、児島美都子らの反論を受け、孝橋正一の反批判と展開した。

5　細川汀、真田是、加藤薗子編著『現代医療ソーシャルワーク論』法律文化社・1989・P239

〜240

参考文献：

孝橋正一「医療社会事業の目標と方法」『医療と福祉　第2巻4号』日本医療社会事業協会・1965
孝橋正一「目標と方法について―再論と反批判（上）」『医療と福祉　第2巻9号』日本医療社会事業協会・1965
孝橋正一「目標と方法について―再論と反批判（下）」『医療と福祉　第2巻9号』日本医療社会事業協会・1965
真田是編著『戦後日本社会福祉論争』法律文化社・1979
中園康夫「実践ということ―ケースワークのあり方について―」『医療と福祉　第2巻5号』日本医療社会事業協会・1965
仲村優一「社会事業と社会政策」『医療と福祉　第2巻5号』日本医療社会事業協会・1965
細川汀、真田是、加藤薗子編著『現代医療ソーシャルワーク論』法律文化社・1989

第１章　生存・生活権保障と保健医療ソーシャルワーク

1. 社会福祉における生存・生活権保障

(1) 生存・生活権の概念と思想の歴史的経緯

生存権は、１９１９年に公布されたドイツ共和国憲法である第一次世界大戦後のドイツ革命によってドイツ帝政が崩壊したのち、普通・平等・比例選挙によって選ばれた国民議会が１９１９年7月31日に議決し、翌8月1日に公布された「ワイマール憲法」（１９１９年）以来、20世紀憲法史において実現されてきた比較的新しい人権である。[1]

人権については、現在のように整合されたものとして歴史上登場したのは、18世紀末にアメリカ諸州で制定された憲法からであり、その影響を受け、１７８９年にフランス革命の過程で採決したものが「フランス人権宣言」であった。この趣旨は、人権の保障を完全にするために、契約により統治機構としての国家（政府）をつくる。国家（政府）は、このように人権を護るために必要な機構としてつくられるものであり、その任務はもっぱら人権の保障にあるというものであった。これ以降、成文憲法に必ず権利宣言を伴うという慣行が成立した。

しかし、このような身分制秩序の崩壊に伴う近代市民社会の成立は、財産の有無や能力の高低が人間の価値や社会生活のありようを左右してしまう側面も有していた。そして障害者や何らかの理由により労働に就くことの出来ない人々、すなわち無能力貧困者は、救貧院へ収容され、低位な処遇を受けるに至った。このような社会状況の中で博愛主義者達が歴史に登場し、やがて社会事業に発展し、そして今日のソーシャルワークへと導いたのである（辻村みよ子　２００８）。

その後、欧米諸国で権利宣言の成文化がなされたが、18世紀末のフランスの権利宣言の流れを汲むものであった。さらに権利宣言に各種の「社会権」[2]が宣言・保障されるようになったのは、第一次世界大戦後のことである（野中俊彦　２００６）。

社会権の一つである生存権は、生存または生活のために必要な諸条件の確保を要求する権利であり、これに類似することばとして生活権があるが、生活権は日常的な「生活」に関する権利であるのに対し、生存権は〝人たるに値する〟生活に関する権利で、法的に特定された意味をもち、社会権あるいは生存権的基本権の中心をなす権利である。イギリスでは、近代市民社会すなわち資本主義社会は資本主義経済の下に自由権を保障し経済的発展を遂げたが、その過程で社会的格差が生じ拡大した。資本主義社会における社会構造は、資本家と賃金労働者を２大基本階級とし、賃金労働者は、旧中産階級（自営業者、自営農民）と新中産階級（法律家、医師などの専門職）から成り立っていた。20世紀以降は資本家と中産階級をも含めた賃金労働者との格差が顕著となり、賃金労働者は、低賃金で過酷な労働を強いられ、貧困や疾病等の生活課題を抱えることとなった。資本主義の進展は、貧富の差を激化させ、無産者の生活苦を増大させる傾向を内包しているが、このような状況のもとで、いかにしてすべての国民に人間らしい生活を保障するかということが20世紀の国家が当面したもっとも基本的な問題の一つとなった。生存権に関する規定が人権宣言に登場して来たのは、このような課題への回答でもあった（大須賀明　１９８４）。

ワイマール憲法では，「経済生活の秩序は、すべての者に人間たるに値する生存を保障する目的をもつ正義の原則に適合しなければならない」（１５１条１項）と規定している。大須賀は、「生存権がここで権利とは明言されていないものの、この生存権は、『人間たるに値する生存』を国家権力の積極的な関与によって実現しようとする権利であって、もっぱら国家権力の不関与によって国民の自由つまり国民の自立的領域を確保しようとする自由権とは、基本的に権利の内容を異にするものである。したがって、生存権は、近代市民憲法の保障する人権宣言のカタログにはみられない、あらたな基本的人権であった」[3]と解した。

ワイマール憲法が社会的国家的理念を掲げ、その実現を国家の政治的義務としたことは、人間生活の進歩に大きな意味を持たせ、生存的基本権を憲法で保障する国が、特に第二次世界大戦を契機に飛躍的に増加した。具体的には、1946年のフランス第四共和制憲法の前文、1948年のイタリア憲法38条、インド憲法38条で生存権そのものの保障が明文化された。また、アメリカなど合衆国憲法の修正条項においても生存権保障を明記してはいないが、1930年代のニューディール政策を推進するために制定された諸立法により、現実には生存権保障が確保されたと言える。

その後、1945年に制定された「国際連合憲章」では、人権の国際的保障の推進を国際連合の任務とし、その前文で生存権について、生活水準の向上の促進を国際連合の目的であるとしている。これを具現化した最初のものが、1948年の「世界人権宣言」で、あらゆる種類の基本的人権が保障されており、国際的な規模での権利宣言であった。そこにおいて、22条で社会保障を受ける権利が定められ、25条ですべての人に十分な生活水準の保持と保障の権利を定め、生存権を保障している。さらに生存権的権利として、23条と24条に労働に関する権利、26条が教育の権利、27条が文化的生活の権利を定めた（長瀬修　2008）。

そして1966年に国連総会にて採択された「国際人権規約」は、1978年に日本も署名することになったが、この規約は、A規約とB規約とその選択議定書から成り立っており、A規約において生存的権利が広範に保障されている（宮崎繁樹　1996）。

(2) 日本の社会福祉における歴史的視点からの生存・生活権保障

わが国の社会福祉の歴史において生存権保障を紐解くと、明治憲法では生存権保障の理念は盛り込まれておらず、国家が生活困窮者を救済する場合にあっても、あくまで救貧的観点からなされたのであり、その目的は治安の維持ないし公衆衛生の保持などにあり、決して生活困窮者の生存権保障にあったのではなかった。

近代的公的扶助にあっては、明治7年（1874）の「恤救規則《じゅっきゅう》」を経て、昭和4年（1929）に「救護法」が制定されたことによって、わが国においても法制的に整備された救護制度が確立した。しかし、この法律は救護における国家責任の明確な規定を欠いており、また、この制度においても失業による困窮は救護の対象とはしないというように、差別的かつ制限的なものであったと言える。

このような歴史的経緯を経て、日本の生存権保障の思想は、とくに第二次世界大戦後、全世界に普及されたと同様に、日本国憲法も20世紀の資本主義憲法として憲法第25条において「すべて国民は、健康で文化的な最低限度の生活を営む権利を有する」（第1項）、「国は、すべての生活部面について、社会福祉、社会保障及び公衆衛生の向上及び増進に努めなければならない」（第2項）と規定し、国民の生活権、生存権を基本的人権として保障するに至った。辻村は、この憲法第25条第1項に規定された生存権保障規定の意義として、「国民がみな人間らしく生きることができることを権利として宣言していることにある」とし、「第2項において1項の趣旨を実現するために国に生存権の具体化についての義務を課しているところにある」[4]としている。

しかし、この第25条を具現化するにあたり、旧生活保護法（1946）、児童福祉法（1947）、身体障害者福祉法（1949）等相次いで制定されたが、国民の生存権に関する権利意識はなかなか定着しなかった。

大須賀は、この要因を2点挙げている。「①憲法が形成された戦後の初期は、敗戦により日本の資本主義がはなはだしく弱体化したのに伴い、生産力水準が著しく低下し、国民生活が極端に窮乏化していたことにより食糧事情が悪いために、国民の最低生存さえ脅かされかねなかった状況のもとでは、『健康で文化的な最低限度の生活』の保障を、国家に期待することはほとんど不可能であろうと考えられていた。②当時の国民の社会保障に対する権利意識が低いものであった」[5]

1950年代に入っても、わが国においては、産業の目覚しい復興がもたらす雇用の増大や景気の好転が見られたものの、国民の実質所得は依然と低く、生活水準の大きな改善は見られなかった。よって、生活保護基準も低く押さえつけられたままであった。そのような中1957年、戦後の民主化政策と運動の展開による国民の権利意識のゆっくりではあるが確実な高揚に端を発し、重症の結核患者が福祉事務所の行った保護決定処分が生活保護法ひいては憲法に違反するとして、東京地裁に提訴し、単に処分の取り消しを求める抗告訴訟のレベルを超えて、生存権保障の基本的な意味を問い直す憲法訴訟にまで発展した「朝日訴訟」[6]は、戦後長期にわたり支配していた、生存権理論の沈滞ムードに活を入れた。

大須賀は、歴史的流れの中で貧困を「古典的貧困」と「現代的貧困」の2種類が存在するとし、前者の貧困を不安定な雇用や悪い労働条件などによって引き起こされる所得水準や消費水準の低い生活状況をさすものとし、経済的貧困とも言えるとした。また後者の貧困を生活水準や消費水準の上昇とともにもたらされた個人の精神的ゆとりの喪失、内面的な活動の阻害による精神的活動を存分に営むことができるような文化的な生活条件を奪い去る文化的貧困とした。そしてこの両者の関係は、関連し合う側面を持っていて、現代の日本においては、両者が均等のかたちでかみ合っていることはないとしても、何らかの割合で混在し、今日の貧困を形成していることはたしかであるとした。しかし両者はなお異なった範疇に属する概念であり、そのことは例えば所得保障が上昇して経済的貧困が解消したとしても、なお文化的貧困は残るだけでなく、増大することを考えれば明らかで、経済的貧困は現在もなお存続しつづけており、その解決が生存権の緊要の課題であり、同時に現在は、文化的貧困の時代でもあり、その解決が生存権のあらたな課題となっている。よって生存権とは、人間生活の文化的側面において、人間らしさを復権する働きを要求されていると論じている。

この上に立って大須賀は、生活の物質的、経済的社会的な条件を人間生活の客観的条件であるとし、精神的文化的な条件を人間生活の主観的条件とした。具体的には、生活が人間らしさを確保しているか、疎外されていないか、生きがいに満ちているかといった質的側面を文化的側面とした（大須賀明　１９８４）。

また宮崎は、生存権の保障を具体的に実現していくためには、全国民を対象とする体系的・総合的な生活保障の制度すなわち広義の社会保障制度が必要であると指摘している（宮崎繁樹　１９９６）。

2. 保健医療ソーシャルワークにおける生存・生活権保障

(1) ソーシャルワークの価値・倫理に根ざした生存・生活権保障

国際ソーシャルワーカー連盟（ＩＦＳＷ）のソーシャルワークの定義に[7]「ソーシャルワーク専門職は、人間の福利（ウェルビーイング）の増進を目指して、社会の変革を進め、人間関係における問題解決を図り、人々のエンパワーメントと解放を促していく。ソーシャルワークは、人間の行動と社会システムに関する理論を利用して、人々がその環境と相互に影響し合う接点に介入する。人権と社会正義の原理は、ソーシャルワークの拠り所とする基盤である」と定義づけられている。このことは、ソーシャルワークの使命が、「すべての人々が、彼らのもつ可能性を十分に発展させ、その生活を豊かなものにし、かつ、機能不全を防ぐことができるようにすることである」と解説されている（リーマー２００１）。

わが国の社会福祉専門職団体協議会（特定非営利活動法人日本ソーシャルワーカー協会、社団法人日本医療社会事業協会、社団法人日本社会福祉士会、社団法人日本精神保健福祉士協会）にあっては、１９８６年に日本ソーシャルワーカー協会が作成した倫理綱領をもとに、上記４関係団体が２００５年1月に時代背景に沿って、「ソーシャルワーカーの倫理綱領」の見直しを行い、「ソーシャルワーカーの倫理要綱」を取りまとめた。そしてその前文に「われわれは、われわれの加盟する国際ソーシャルワーカー連盟が採択した、『ソーシャルワークの定義』(2000年7月)を、ソーシャルワーク実践に適用され得るものとして認識し、その実践の拠り所とする」と謳っている。また、わが国の保健医療ソーシャルワーカーの職能団体である日本医療社会事業協会では、保健医療ソーシャルワーカーが価値・原則・倫理基準に基づいたすぐれた実践を行い、専門職として社会的役割を果たすために、2007年、保健医療分野における特殊性を考慮した「医療ソーシャルワーカー行動基準」を提示し、この「医療ソーシャルワーカー行動基準」を「価値と原則」と「倫理基準」に追加し、完成された形としての倫理綱領全体を「医療ソーシャルワーカー倫理綱領」とし、協会として、4団体共通の「ソーシャルワーカー倫理綱領」と二つの倫理綱領を持つこととなった。

その「ソーシャルワーカーの倫理綱領」「医療ソーシャルワーカーの倫理綱領」〈資料1〉に謳われている価値と原則の1から3において、

1(人間の尊厳)

ソーシャルワーカーは、すべての人間を、出自、人種、性別、年齢、身体的精神的状況、宗教的文化的背景、社会的地位、経済状況等の違いにかかわらず、かけがえのない存在として尊重する。

2（社会正義）

ソーシャルワーカーは、差別、貧困、抑圧、排除、暴力、環境破壊などの無い、自由、平等、共生に基づく社会正義の実現を目指す。

3（貢献）

ソーシャルワーカーは、人間の尊厳の尊重と社会正義の実現に貢献する。

と記されている。これら1から3は、生存・生活権保障という文言ではないが、本章1⑴⑵の概念に沿ったものであり、言わば1から3は、生存・生活権保障を謳ったものであると言える。このようにソーシャルワーカーは、ソーシャルワーカーとして守り行うべき道、善悪・正義の判断において普遍的な規準となる、最も大切なところ、要点、眼目としての倫理綱領の中に生存・生活権保障を据えている。

⑵ 保健医療ソーシャルワーカーの役割としての生存・生活権保障

保健医療の現場は、現代社会のしくみや矛盾から来る多様で現実的かつ具体的な社会問題の一つである医療福祉課題が、患者をはじめ、その家族のいのちや生活の中に、集中的に投げかけられている。疾病や障害は、人々に身体的苦痛をもたらしたり、死に追いやったりするが、そのことはまた疾病や障害を被った人々の生活を蝕んでいく。なぜなら、人は社会的存在であり、かつ生活の主体者であるからである。経済的貧困状況にある患者は、正当な治療そのものを受けることもできないし、治療に専念できる患者は、生活への様々なしわ寄せを引き受けざるを得ない。また、障害を抱えた新たな生活を前にした患者は、これまでの環境の中にあって生活を再開するには、多くの困難を余儀なくされる。このような疾病や障害が多様で複雑な生活課題をもたらすことはもちろんのこと、今日では、社会問題としてきわめて深刻とされる児童虐待、高齢者虐待、ドメスティックバイオレンスなどによる障害等、社会問題が医療福祉課題をもたらす場合も見逃せない。そのことは、憲法第25条に規定された国民の「健やかに生き、人間としての尊厳の保たれた生活を営む」といった人間の尊厳、すなわち生存・生活権を根底から奪ってしまう結果となっている。

岡村は、「真実に患者の利益になる医療は、患者の生活する地域社会から隔絶された病院社会での抽象的な医療ではなくて、患者の社会的環境、家族生活条件、心理的な諸条件を考慮して計画されなければならない」（岡村重夫　１９６３）としているが、これは、真に患者の利益になる医療とは身体的治療のみ先行していくのではなく、患者を地域社会の中で生活を営む生活の主体者として捉え、身体的治療に平行して心理・社会的治療すなわちソーシャルワークが展開されてはじめて、生存・生活権保障に基づく医療が達成されるのであり、医療へのソーシャルワークの介入により、生存・生活権保障に基づく医療が成し得るということを示している。

注：

1　「日本大百科全書」小学館

2　社会権とは、基本的人権の一つで、社会を生きていく上で　人間が人間らしく生きるための権利。生存権、教育を受ける権利、労働基本権など基本的人権で保障されるこれらの権利を社会権と呼ぶ。他の基本的人権と比べて比較的新しいことから、20世紀的人権ともいわれる。その理由は、産業革命以前は「貧乏は個人の自己責任」という考え方であったが、資本主義の高度化によって構造化した貧困に対抗し、自由主義の理念である個人の尊厳を守るため、国家による富の再分配を肯定する考え方（リベラリズム、英：New liberalism）に変わった。結果、個人の生活を形式的にだけでなく実質的にも国家が保障しなければならないという社会権（国家による自由）が登場した。引用：ウィキペディア２０１０・７・25

3　大須賀明『生存権論』日本評論社・１９８４・Ｐ3～4

4　辻村みよ子『憲法　第3版』日本評論社・２００８・Ｐ３０３

5　大須賀明『生存権論』日本評論社・１９８４・Ｐ26

6　「朝日訴訟」（１９５７年）とは、岡山県にある療養所の重症の結核患者である朝日茂さんが、憲法25条を根拠に生存権の保障をもとめて、生活保護行政の抜本的改善を要求した戦い。この裁判は、〝人間裁判〟と呼ばれ、思想・信条をこえた広範な団体や国民に支えられた。

7　２０００年7月27日、モントリオールにおける国際ソーシャルワーカー連盟（ＩＦＳＷ）の総会において採択されたもので、日本語訳は、日本ソーシャルワーカー協会、日本社会福祉士会、日本医療社会事業協会で構成するＩＦＳＷ日本調整団体が２００１年1月26日に定訳した。

参考文献：

大須賀明著『生存権論』日本評論社・１９８４
大野勇夫著『新　医療福祉論』ミネルヴァ書房・１９９８
岡村重夫『社会福祉学（各論）』柴田書店・１９６３
真田是著『権利としての社会福祉実現のために』「住民と自治」１９７６
ジェリー・Ｌ・ジョンソン、ジョージ・グラント・Jr. 編著／村上信、熊谷忠和訳・（社）日本医療社会事業協会編著『保健医療ソーシャルワーク原論』相川書房・２００１
辻村みよ子著『憲法第３版』日本評論社・２００８
長瀬修他著『障害者の権利条約と日本』生活書院・２００８
野中俊彦著『憲法Ｉ第４版』他有斐閣・２００６
宮崎繁樹著『解説国際人権規約』日本評論社・１９９６
Matthew C. R. a perspective on its development Oxford『Craven,The international covenant on economic, social, and cultural rights』 Clarendon Press・1998
Reamer,Frederic G.（1999）Social work values and ethics（＝２００１・秋山智久監訳『ソーシャルワークの価値と倫理』中央法規出版）

第2章　保健医療・福祉政策と保健医療ソーシャルワーク

1．日本の保健医療・福祉政策と保健医療ソーシャルワークの動向

(1)　保健医療ソーシャルワークをめぐる動向

わが国の保健医療ソーシャルワークは、アメリカでの実践活動が浅賀ふさによりわが国に導入され、第二次大戦後、人道主義にもとづく医療を展開している一部の医療機関と、モデルケースとして指定された保健所での実践から始まった。戦後のわが国は混乱状況の中にあり、目の前の対象者への対応に追われていた。１９５７年、国際連合世界保健機構（ＷＨＯ）から、ベックマン夫人がわが国の当時の医療社会事業（保健医療ソーシャルワーク）を視察するために派遣され、報告書が提出された。報告書では「保健所および病院の医療社会事業の発達と機能の問題のすべてについて、本質的には教育訓練と目標にある」とされ、保健医療ソーシャルワーカーの身分や業務の確立、教育制度の必要性が示さ

れた。

保健医療ソーシャルワークは、その後約60年の歴史の中で、実践家や研究者の地道な活動や研究により、わが国なりの定着をみせてきた。中でもわが国の保健医療ソーシャルワークの礎を築き、発展に多大な功績を寄与した杉本照子や中島さつきは「ソーシャルワークはすぐれて実践知、実践学であり、心理偏向と言う批判を受けつつも臨床の場では議論よりまず先に、専門のソーシャルワーカーとしてクライエントに対応しなくてはならない。ソーシャルワーカーの本領は、クライエントに対応しその関係のなかで問題を発見し、ニーズを正しく読みとって具体的に支援していくことであって、この過程が大切である」と技術の重要性を強調し、わが国の保健医療ソーシャルワークは、政策的視点より技術論に傾倒し発展してきた経緯がある（杉本照子、中島さつき　１９７８）。

そしてまた、保健医療ソーシャルワークを取り巻く状況の歴史的変化、すなわち今日わが国の保健医療を取り巻く情勢のめまぐるしい変化（疾病構造の変化、治療技術の進歩、医療法の改正、診療報酬制度の改正、社会福祉構造改革等）は、対象者の保健医療福祉課題を変化、複雑化させ、また医療機関の機能分化を促進させた。それ故、保健医療ソーシャルワークの実践活動にも変化がもたらされた。

その間、１９５３年に全国組織として結成、１９６４年に社団法人として認可され、

２００３年には創立50周年を迎え、わが国におけるソーシャルワーカーの団体としては最も古い歴史を持ち、保健医療ソーシャルワークの実践と研究をとおして、社会福祉の増進と保健・医療・福祉の連携に貢献することを目的としている日本医療社会事業協会が中心となり、継続した資格制度化運動が行われ続けてきた。にもかかわらず、１９８９年の社会福祉士・介護福祉士法制定の際に、保健医療ソーシャルワーカーは社会福祉士にはあらずとの国の見解が出された。しかし、唯一「医療ソーシャルワーカーの業務指針」（１９８９年３月30日健政発第１８８号）が厚生省健康政策局長より提出され、緩やかではあるが、現場の保健医療機関の運営管理者や医師をはじめとする医療関係者への理解が深まっていった（児島美都子　２００２）。

保健医療ソーシャルワーカーの資格制度問題については、２０１５年の今日にあっても解決を見ているわけではないが、２００２年には少子超高齢社会への突入や核家族化の促進、地域福祉の推進、疾病構造の多様化、複雑化、治療医学の目覚しい進歩、障害者の増加・重度化・高齢化、社会福祉課題の多様化、複雑化等々の社会情勢および医療情勢のめまぐるしい変化に伴い、ＭＳＷに要求される実践活動のあり方を見直し、「医療ソーシャルワーカー業務基準」の改正がなされた〈厚生労働省保健局長通知 平成14年11月29日健康発第11　２９００１号〉（Ｐ２５７〈資料２〉参照）。その中で、見直しの趣旨が以下のように明らかにされた。

「少子・高齢化の進展、疾病構造の変化、一般的な国民生活水準の向上や意識の変化に伴い、国民の医療ニーズは高度化、多様化してきている。また、科学技術の進歩により、医療技術も、ますます高度化し、専門化してきている。このような医療をめぐる環境の変化を踏まえ、健康管理や健康増進から、疾病予防、治療、リハビリテーションに至る包括的、継続的医療の必要性が指摘されるとともに、高度化し、専門化する医療の中で患者や家族の不安感を除去する等心理的問題の解決を援助するサービスが求められている。

近年においては、高齢者の自立支援をその理念として介護保険制度が創設され、制度の定着・普及が進められている。また、老人訪問看護サービスの制度化、在宅医療・訪問看護を医療保険のサービスと位置づける健康保険法の改正等や医療法改正による病床区分の見直し、病院施設の機能分化も行われた。さらに、民法の改正等による成年後見制度の見直しや社会福祉法における福祉サービス利用援助事業の創設に加え、平成15年度より障害者福祉制度が、支援費制度に移行するなどの動きの下、高齢者や精神障害者、難病患者等が、疾病をもちながらもできる限り地域や家庭において自立した生活を送るために、医療・保健・福祉のそれぞれのサービスが十分な連携の下に、総合的に提供されることが重要となってきている。また、児童虐待や配偶者からの暴力が社会問題となる中で、保健医療機関がこうしたケースに関わることも決してまれではなくなっている。

このような状況の下、病院等の保健医療の場において、社会福祉の立場から患者のかかえる経済的、心理的・社会的問題の解決、調整を援助し、社会復帰の促進を図る医療ソーシャルワーカーの果たす役割に対する期待は、ますます大きくなってきている」

このような趣旨から、具体的業務の範囲や業務の方法について以下に示すように、業務の範囲(6)および業務の方法等(4)において地域連携における医療ソーシャルワーカーの役割や活動内容について強化された。

〈業務の範囲〉

(6)地域活動

患者のニーズに合致したサービスが地域において提供されるよう、関係機関、関係職種等と連携し、地域の保健医療福祉システムづくりに次のような参画を行う。(以下略す)(資料２)

〈業務の方法等〉

(4)他の保健医療スタッフ及び地域の関係機関との連携

保健医療の場においては、患者に対し様々な職種の者が、病院内あるいは地域において、チームを組んで関わっており、また、患者の経済的、心理的・社会的問題と傷病の状況が密接に関連していることも多いので、医師の医学的判断を踏まえ、また、他の保健医療スタッフと常に連携を密にすることが重要である。（資料２）

また、２００６年、社会福祉士および介護福祉士法の一部改正[1]に伴い、社会福祉士の養成指定施設として病院、診療所、介護老人保健施設が認定された。社会福祉士国家試験受験資格の重要な一科目である社会福祉援助技術現場実習の実習機関の一つとして、保健医療機関での医療ソーシャルワーク実習が追加されたことは、医療ソーシャルワーカーの基本的資格として、社会福祉士であるということの社会的認知が得られたとの理解ができる。また２００６年の社会福祉士および介護福祉士法の一部改正では、社会福祉士養成カリキュラム（これは国家試験受験科目でもあるが）の変更と追加がなされた。その追加科目として、「保健医療サービス論」が設置された。これらのことは、保健医療ソーシャルワーカーは、保健医療の場で活動する専門家であるが、学問的基盤を社会福祉学とし、保健医療の場で疾病や障害からもたらされる人々の福祉課題解決に向けて、あくまで患者の立場に立ち、患者や家族の生存・生活権保障に向けての援助に当たる社会福祉の専門職であるという認知を得たことを示していると言える。

(2) 保健医療・福祉政策と保健医療ソーシャルワークの歴史的関係性

人は皆人生を営む中で様々な保健医療福祉課題に直面し、課題を解決することにより少しずつ人としての発達に繋げていく。しかしすべて自己の力に基づき、直面する保健医療福祉課題を解決することは困難であり、支援を得ながら、自己の力をひきだしつつ、課題解決に結び付けていく。また保健医療福祉課題は、人が人生を営む場である社会との関係においてもたらされるものであることにより、環境を調整改善するうえでの様々なシステムや社会資源が国の政策的計らいの下に、形成される。

前者をソーシャルワークと捉え、後者を社会福祉政策と捉えるならば、病や障害を持つに至った人々、あるいは貧困や家庭内暴力、児童および高齢者虐待、といった社会福祉課題が原因となり、病や障害を持つに至った人々が、安心して治療を受け、社会における地域での生活の主体者として、その人らしい尊厳の保たれた人生を再開していく上での専門的援助である保健医療ソーシャルワークは、ソーシャルワークの専門的援助のあり方に対しては、わが国の保健医療ソーシャルワークの歴史の中で実践と研究そして教育の面において、多くの方々の努力のもとに多大な功績を残してきたと言える。

またその一方で政策的論者の、保健医療の分野に持ち込まれる生活課題を社会問題の一環として捉え、それらの生活課題の解決は、国の福祉政策の課題を解決することなくしてありえないとの見解のもとでの功績も多大なものであった。そして、その両者間における政策論対技術論論争が社会福祉全般での論争のみでなく、医療福祉の場においても長い歴史の間に行われてきた。

その歴史を紐解くと、第二次大戦後ＧＨＱによる保健医療ソーシャルワーク導入から約10年間は、技術論の立場に立つ論者による社会事業懇談会編著『医療社会事業とは』、佐藤正・黒坂司著『医療社会事業の実際』、厚生省公衆衛生局『医療社会事業とその発達』、吉田ますみ著『医療社会事業』、そして竹内愛二の「医療社会事業を精神身体医学の視点から見るべきであり、医療社会事業の主な仕事は傾聴面接による対人関係の駆使、展開である」との論者に対し、「日本のソーシャルワーカーは援助事例において制度的欠陥に気づいたなら、その修正と改善を図るべきであり、医療ソーシャルワーカーこそが社会的医療の保護のための運動に加わるべきである」というアメリカ式医療社会事業論に対する批判すなわち政策論的立場に立つ論者の孝橋正一『医療社会事業の盲点』（１９５６）との対立論争が見られた。

こうした状況の中、「わが国の医療ソーシャルワーカーは欧米の理論を導入し、それを日本の国情に即したものに育て上げるべきである」と示唆したのは、中尾仁一『医療社会事業』（1956）であった（大野勇　1998）。

その後1960年代に入り、経済の高度成長期を迎えた。そのことは一方で、過重労働や公害問題などを引き起こし、国民の生活と健康を破壊させ、疾病構造に大きな変化をもたらすこととなった。この時期は、生活問題が社会問題であることが顕著になってきた時でもあり、アメリカから導入された実践理論が当時のわが国の現状にずれを生じさせ、保健医療ソーシャルワーカー批判がより高まった時期でもあった。

技術論的立場に立つ岡村重夫は『社会福祉学（各論）』（1963）で、「医療ソーシャルワーカーは医療チームに参加し、医師の診断を助け、社会が個人に及ぼす影響ないしはその主観的意味を探求しなければならない。よって、医療ソーシャルワーカーは患者と社会のかかわり合いを問題にしなければならない」[2]と論じ、中島さつきは『医療社会事業』（1964）でアメリカの医療社会事業理論やケースワーク技術を積極的に取り入れた。

一方政策論的立場にある孝橋正一は、『医療社会事業』（1965）において「医療ソーシャルワーカーの心理主義への傾斜に対する批判を行い、医療ソーシャルワーカーは労働者としての意識をもち、社会保障の拡充の運動に立ち上がるべきである」と主張し、医療社会事業においては、制度的、政策的保障が規定的重要性をもつとして、その展開の方向をも説明した（真田是　1979）。

その後1970年代に入ると、論争の発展はあまりみられなかったが、田代国次郎は、『医療社会福祉研究』（1969）で、これまでの所論を整理し、新しい貧困という対象認識を取り入れ、坪山宏は「医療社会事業の理念と展開」で医学における社会福祉機能の必要性を医療事態の中に浸透させることを抜きにしては不可能で、その機能を見出すには、ワーカーが患者に接するその実践のなかから、描出された理念によって示される必要があるとした。また、加藤薗子は『社会福祉労働』（1975）において、発達保障の観点から医療ソーシャルワーカーの労働、技術を方向づけた福祉労働論的立場に立つ論点をなげかけた。これらの3著は、保健医療ソーシャルワークを外国のケースワーク理論や社会福祉の一般理論にあてはめるだけではなく、あくまでわが国の保健医療ソーシャルワーカーの労働の実態を捉え、そこからの理論化への方向づけを意図したものであった。そのことからこれらの3著は、政策論的立場に立つものであったと言える（大野勇　1998）。

また中島さつきは、『医療ソーシャルワーク』（1975）で、社会福祉政策とソーシャルワークとを明確に区別し、医療ソーシャルワークは後者に属する。対象を貧困な病人からすべての人間に拡大し、健康を維持し、疾病を治療するうえでの社会生活問題であると規定した。堀川幹夫、木原和美著『社会事業個別相談―医療社会事業ケースワークの社会科学的アプローチ』（1975）では、「社会事業は社会資源の利用による不安の解消が課題であり、人格の変容は課題として含まない」とし、孝橋は、自らの理論とのつながりを述べ、本書こそ社会科学的方法論によるケースワークの精密な体系化の最初の成果であると高く評価した。

児島美都子著『医療ソーシャルワーカー論』（１９７７）は、論争の課題を発展させることを意識して書かれたものであり、福祉労働論の立場から医療社会事業の「骨子」を理論化しようと試みた。窪田暁子は『医療ソーシャルワーク』（１９８１）で医療社会事業の対象を「多様な現れ方をする患者および家族の生活課題」と規定し、その独自性を押さえた上で、医療ソーシャルワーカーの現実の労働の主要な局面を的確にだし、それぞれのあり方を全面的に明らかにした（大野勇　１９９８）。

そのような中、わが国の近年の保健医療を取り巻く情勢は、より一層めまぐるしい変動をきたしてきた。疾病構造の変化、少子超高齢社会への突入、治療医学の発展、障害の重度化、家族のあり方、地域のあり方の変化、増加の一途をたどる国民医療費、高齢者に特に多い社会的入院等々である。そのことはまた、当然ながら疾病や障害を被る人々の生活課題を多様化、複雑化させてきた。

このような課題解決に当たり、わが国での２０００年をさかいに行われてきた保健医療・福祉改革は、これまで行われてきた社会事業論争の観点の見直しが迫られたのではないかと考える。

昨今の一連の保健医療・福祉政策の展開が、一例ではあるが、具体的に本論で取り上げるＣＶＡ患者の保健医療ソーシャルワークのプロセスを中断化・分断化させた。そしてそのことが結果として、対象者の生存・生活権の保障を守るべき保健医療ソーシャルワークのミッションを揺るがす事態を招いているのであるならば、保健医療ソーシャルワークはこれまでのように技術論にのみ傾倒するのではなく、政策論的視点をも持ち合わせた上で、わが国の保健医療・福祉政策の動向のもとで医療福祉課題を捉えなければならない。またその上で、解決に向けての実践を展開していかなければならないのではないだろうか。１９５６年にすでに中尾仁一が示唆していたように、論争ではなく、有機的統合の視点に立った保健医療ソーシャルワークのあり方が、わが国において今まさに求められていると考える。

(3)　１９６５年「医療社会事業論争」―その意義と課題―

本章本節(3)においては、本章本節(2)の戦後から現在に至る保健医療・福祉政策と保健医療ソーシャルワークの関係性のなかで技術論・政策論論争とされた「医療社会事業論争」について、本論文で技術論・政策論の統合的視点を検討するにあたり、「医療社会事業論争」とは、何であったのかを押さえておくこととする。

「医療社会事業論争」とは、医療社会事業協会誌『医療と福祉』（１９６５）において、孝橋正一「医療社会事業の目的と方法」（１９６５）に対し、仲村優一・中園康夫・児島美都子が批判的論を述べ、それに対し再度、孝橋正一が「目標と方法について」において批判を行うという医療社会事業論争である。真田是はこの論争には、二つの背景があり、それにより必然的に行われてきたものであるとしている。

一つにはこの時期は、高度経済成長政策が10年を経過し、その諸矛盾が露呈し始めた時期であり、技術革新による大企業主導のもとでの労働の変化、独占集中企業経営による中小企業や自営業の経営困難が表出し、過重労働、公害、環境問題、過密・過疎問題が表面化した時期であったということがあげられる。このことにより、国民の健康問題が、医療供給体制の問題点と共に露呈し始め、労働と生活様式の変化からの生活問題の新しい貧困を生み出し、貧困と疾病の新しい悪循環を作り出した時期であったということがあげられる。

二つ目には、１９５３年から始まった『大阪社会福祉研究』誌上での「社会福祉本質論争」[3]での展開である。「社会福祉本質論争」→「公的扶助サービス論争」[4]→「仲村・岸論争」[5]という流れにおいて、戦後改革の社会福祉はどうあるべきかを追求する中で、社会福祉技術をどう生かすべきかをめぐっての議論が始まっていた時期であるということがあげられる。医療社会事業論争は、この公的扶助制度で行われてきた社会福祉技術をめぐる論議を受けて、これを医療社会事業のところで具体的に検討をしようとしたものであった（真田是　1979）。

その論点は二つであり、第一の論点はケースワークの外周をめぐってであった。孝橋はわが国で主流をなしている心理学的・精神医学的ケースワークは、アメリカ的ケースワークであって、ヨーロッパではこれと異なり、アメリカにおけるように、個人の内面に情緒や性格をさぐったり、過程に重点をかけたりせず、個人の人格の発展と権利の保障のために、法令をいかに対象者の利益になるように活用するか、資源をいかに対象者のために引き出しているかにかけられてきた。そして、日本はアメリカよりもヨーロッパに類似しているとし（孝橋正一　1963）、このような孝橋のケースワークの外周に中園は、ケースワークがまさしくケースワークとして、その理論や実践を主張できるのは、ケースワーカーとクライエントとの（臨床的）関係においてのみであることを強調した（中園康夫1963）。

一方仲村は、ケースワークにおけるヨーロッパ型とアメリカ型といった分け方は、今日では現状に合わなくなってきており、ある程度制度としての社会保障を整えるにいたると、それをいかにして、市民の生活に即したものとして個別化するかという方法論的な問題にも大きな関心が向けられるようになり、アメリカ的なケースワークは、わが国でもむしろ法則的にはこれからのものであるとした（仲村優一　１９６３）。

第二の論点は、実践をめぐるものであった。孝橋は社会事業の法則性を認識・把握し、それにそっておこなわれる実践が本質的であり、政策的・法令的・経済的対応やソーシャル・アクションが本質的な社会的努力の中身ということになり、アメリカ的ケースワークはこれからはずれている。したがって、アメリカ的ケースワークに社会科学的認識を取り入れようとしても、これは「つぎ木」でしかない。よって、ケースワークは、本質的な実践としてのケースワークになるために本質的な社会努力の方向をみずからの中身とするものでなくてはならないとした（孝橋正一　１９６３）。

これに対し、中園は孝橋が実践を本質的と現実的とに分ける思考に、変化を受容できない柔軟性の喪失を見て取り、実践には人間一人一人の個別性・独自性、総じて実存性を尊重し、法則を力動的に適用する態度が必要である。したがって、ケースワークは本来の任務として、心理学的精神医学的観点と結びつかなければならない必然性を持っている。そして孝橋との違いを、人間観の相違と、ケースワークを専門社会事業のなかの一方法としてみるか、従来の社会事業の一方法とみるかの相違であるとした（中園康夫　１９６３）。

児島は、実際に多くのケースワークを扱ってきた経験に立って、孝橋に対して、人間的理解の希薄さ、心理的理解の乏しさの現状も重視し、社会事業技術の固有な領域と意義を、心理だけに焦点をあてる、あるいは身体面にだけ焦点をあてる、あるいは経済面にだけ焦点をあてるといった単一的ではない総合的なものの見方の必要性を感じると指摘した（児島美都子　１９６３）。

真田は、この実践をめぐる論争点を、「抽象的論議を別とすれば、ケースワーク過程を相対的に独自な領域としてみとめるかどうか、またアメリカ・ケースワークをどう評価するかということであり、これを詰めていく方向としては、わが国の医療社会事業の現場での福祉労働がどのような問題点に直面しているのか、そしてこれを打開していくのにはどうすればよいのかということからでなくてはならなかった」[5]と論争の限界を提示した。

しかしまた一方で、医療社会事業論争は決して無意味ではなかったとし、社会福祉の特徴からも当然のこととして、抽象的レベルでの点検だけでなく、現実的・具体的な点検をしようとしたものであり、これを通して従来のわが国での社会福祉理論を再検討しなければならないという意識を社会福祉研究者に目覚めさせたという点に重要な意義があったとしている（真田是　１９７９）。

しかしながらこの一連の論争は、あくまで社会福祉研究者間でなされていたものであり、保健医療ソーシャルワークの実践の場からの問題意識にもとづいて発展してきたものではなかった。このことが２０００年以降の保健医療・福祉政策の中で、保健医療ソーシャルワークに新たな視点や技術のあり方への対応が具体的に投げかけられ、初めて模索が始まったことの根本的問題であると考える。個別の生活援助を中心とした公害病に苦しむ患者や、１９９６年にようやく「らい予防法廃止」に至ったハンセン病患者に対する保健医療ソーシャルワークを振り返った時、実践現場の内から問題意識が浮かび上がり、技術論に傾倒していることへの疑問が個々のＭＳＷにはあったであろうが、公に表れることはなかった。

本論文は、社会福祉研究者からの、つまり外からの技術論への傾倒に対する批判ではなく、保健医療ソーシャルワークの現場からの、つまり内からの批判であり、政策論的視点を持ち合わせた上での技術の発展を目的とするものである。

〈表：１〉は、第二次大戦後の変遷において、疾病構造の変化がもたらす生活課題とそれに関連する保健医療ソーシャルワーク実践の変遷及び保健医療ソーシャルワーク実践を裏付ける理論の変遷との関係性について整理したものである。

〈表：1〉

わが国の疾病構造変化に伴う生活課題の変遷と医療ソーシャルワーク実践理論の歴史的変遷

年代	疾病構造の変化と生活課題の変遷	医療ソーシャルワーク実践の変遷	理論の変遷
1945〜1950年代	• 第2次大戦後の結核、ハンセン病等の感染症が蔓延する。 • 生活費と医療費の保障がなく、医療が受けられず、疾病と貧困の悪循環を繰り返している。	• 無保険者、貧困患者の生活問題への経済的援助。 • 聖路加国際病院にアメリカで教育を受けた浅賀ふさが医療ソーシャルワーク実践を展開。 • 医療ソーシャルワーカーの繋がりの必要性から、日本医療社会事業協会が設立（1953年）。 • WHO顧問のベックマンが来日し、「ベックマン報告」を提出（1956年）。	• GHQによるアメリカ医療ソーシャルワーク論の導入。 • 孝橋正一ら政策論者による、アメリカ医療ソーシャルワーク論に対する批判。 ＊アメリカにおけるソーシャルワークの理論ベース⇒リッチモンドの診断。
1960年代	• 脳卒中、心疾患などの成人病の増加。精神疾患、アルコール依存症、難病、公害病などが問題となる。	• 医療費、療養中の患者、及び家族の生活上の問題、退院後の社会復帰の問題への援助。 • 精神科においては、面接治療や患者及び家族に対しグループワークを行った。 • 日本精神医学ソーシャルワーカー協会が設立（1964年）。 • 医療ソーシャルワーカーの身分制度運動の展開。	• 岡村重夫『社会福祉学（各論）』（1963年）、中島さつき『医療社会事業』（1964年）等、技術論的立場の論者は、アメリカ医療社会事業理論やケースワーク技術論を主張。 • 孝橋正一『医療社会事業』（1965年）、岸勇ら政策論的立場の論者は医療社会事業において、制度的、政策的保障が重要であると主張（医療社会事業論争）。 ＊F.ホリス、G.ハミルトンら自我心理学の影響を受けた心理・社会的アプローチ。
1970年代	• 高齢者人口の増加により、高齢者の慢性疾患、脳卒中の後遺症が増加する。 • 退院後の生活の場がない。	• 医療ソーシャルワークの対象把握が、個人あるいは集団の「社会生活機能問題」とされ、医療ソーシャルワークとは、医療の場で出くわす対象者の現実的・具体的社会環境に伴う、心理・社会的状況の回復・改善への援助とされる。 • リハビリテーションチーム（身障、精神等の）一員としての期待が持たれる。	• 医療社会事業論争（技術論対政策論論争）は、継続中。 • 新たな立場の理論の登場→坪山宏『医療社会事業の理念と展開』（技術論・機能論的立場）。 • 加藤薗子『社会福祉労働』（福祉労働論的立場）（1975年）。 • 児島美都子『医療ソーシャルワーカー論』（福祉労働論的立場から医療社会事業の骨子を理論化）。 ＊バラード、L.ラポポートらによる危機介入アプローチ、W.ライド、L.エプスタインらによる課題中心アプローチ。

年代	疾病構造の変化と生活課題の変遷	医療ソーシャルワーク実践の変遷	理論の変遷
1980年代	• 障害を持ち、医療管理を必要とする高齢者が増加する。 • 治療医学の進歩に伴い、最重度障害を持ち、シビアーな医療管理を必要とする障害者が増加する。 • 慢性疾患、難病が増加する。 • 医療管理を必要とする患者の地域での人間らしい生活の場がない。 • ターミナルケアが重視され、ホスピス病棟が設置される。	• 障害を抱えつつ生活の場を確保する対象者への退院援助が業務の多くを占める。 • 老人保健法の施行（1983年）。 • 在宅福祉、地域医療の重要性が示され、地域社会への対象者の橋渡しに大きな期待が持たれる。 • 「医療ソーシャルワーカーの業務指針」が厚生省より提示される（1989年）。	• 医療ソーシャルワーカー自身による自らの実践を理論化しようとする志向がうかがえる著作の出版が相次ぐ。 • 疾患別の医療ソーシャルワーク理論が提唱される。 • 窪田暁子により『医療ソーシャルワーク』（1981年）が出され、医療社会事業の対象を「多様な現れ方をする患者および家族の生活問題」とし、医療ソーシャルワーカーの現実の労働の主要な局面を的確に抽出し、それぞれのあり方を全面的に明らかにしている。 ＊エコロジカルアプローチの検討が始まる。
1990年代	• 遺伝子治療の開発や臓器移植等治療医学の止むところのない発展に伴う新たな福祉課題が生まれる。 • HIV感染、MRSA等新たな感染症が現れる。 • 精神障害者の在宅への移行に伴う受け皿問題が生じる。 • 認知症、重度の身体障害を持つ高齢者が益々増加。	• 臓器移植治療チームの一員として患者、家族への支援が行われる。 • 介護福祉士・社会福祉士法成立。社会福祉士国家資格が確立するも、医療ソーシャルワーカーは範疇に入らず（1990年）。 • HIV感染者のアドボカシー、社会参加への支援が行われる。 • ターミナル期の支援が行われる。 • 精神保健福祉法成立（1995年）。 • 精神保健福祉士国家資格確立（1997年）。 • 精神障害者の病院から地域への援助と、それに伴う地域での社会資源の整備が行われる。 • 第2次、第3次医療法の改正（1992年、1998年）。	• 実践化による数々の実践理論の著書が出される（政策論的立場、技術論的立場、労働論的立場より）。 ＊エンパワーメントの理論の導入。 ＊アドボカシーの理論の導入。

年代	疾病構造の変化と生活課題の変遷	医療ソーシャルワーク実践の変遷	理論の変遷
2000年以降	・ハンセン病患者及び元患者の人権侵害に対する違法性が認められ、対象者の社会復帰への支援が必要となる。 ・認知症、身体障害による高齢者介護の問題、高齢者虐待の問題。 ・周産期医療の進歩による障害児の発達保障の課題。 ・児童虐待による障害児の発生や心のケアの問題。 ・生活習慣病による弱年者の慢性疾患や死に伴う生活全般にわたる課題。	・介護保険制度の施行（2000年）。 ・ケアマネージメントが介護保険法のもとでケアマネージャーに手渡される。 ・支援費制度の施行（2003年）。 ・障害者自立支援法の施行（2005年）。 ・障害を持つ患者の退院援助にあたり、環境調整におけるケアマネージメントをケアマネージャーに手渡される。 ・日本医療社会事業協会がハンセン病患者の社会復帰への支援の要請を受け、支援活動が始まる（2001年）。 ・「医療ソーシャルワーカーの業務指針」が改正される（2002年）。 ・医療法、診療報酬制度の改正に伴い、医療機関が機能分化され、医療機関間でのソーシャルワークパスが必要となる。 ・保健医療分野の多職種との地域の機関、団体、地域住民との連携・協同のスキルが必要とされる。 ・第4次医療法の改正（2000年）、第5次医療法の改正（2007年）による医療機関の機能分化から、保健医療ソーシャルワークプロセスの分断化が生じ、シームレス化への対応が迫られている。	＊エコロジカルアプローチに基づく、システム理論が主流となる。 ＊ソーシャルワークの統合化＝ジェネラリスト・ソーシャルワークが保健医療ソーシャルワークにとり入れられる。

（筆者作成）

2．日本の近年の保健医療・福祉政策の動向

(1) 社会福祉基礎構造改革の具現化としての介護保険制度・障害者自立支援法

わが国では１９９０年代後半以降、〈図：１〉に示すように、少子・高齢化の進展、核家族化や女性の社会進出による家庭機能の変化などに伴う福祉需要の増大・多様化に対応して、社会福祉制度も弱者救済にとどまらず国民全体の生活の安定を支える役割を適切に果たしていくことが期待されてきた。

そしてこれらの変化に対応し、社会福祉の各分野において、児童福祉法の改正や介護保険法案の提出など、国民の自立支援、選択の尊重、サービスの効率性の向上などを目指した取組みが行われてきた。このような状況から、１９５１年の社会福祉事業法制定以来、基本的な枠組みが維持されたままであった社会福祉事業、社会福祉法人、福祉事務所などの社会福祉全般を支える基礎構造は、低所得者等を対象にした行政処分による一律のサービス提供、福祉事務所等の役割が地域の福祉需要の変化に十分対応し、また将来にわたって増大・多様化する福祉ニーズに的確に対応していけるよう、利用者の信頼と納得の得られる質の高い福祉サービスを効率的に確保していくために、抜本的に改革し、強化を図る必要に迫られた。

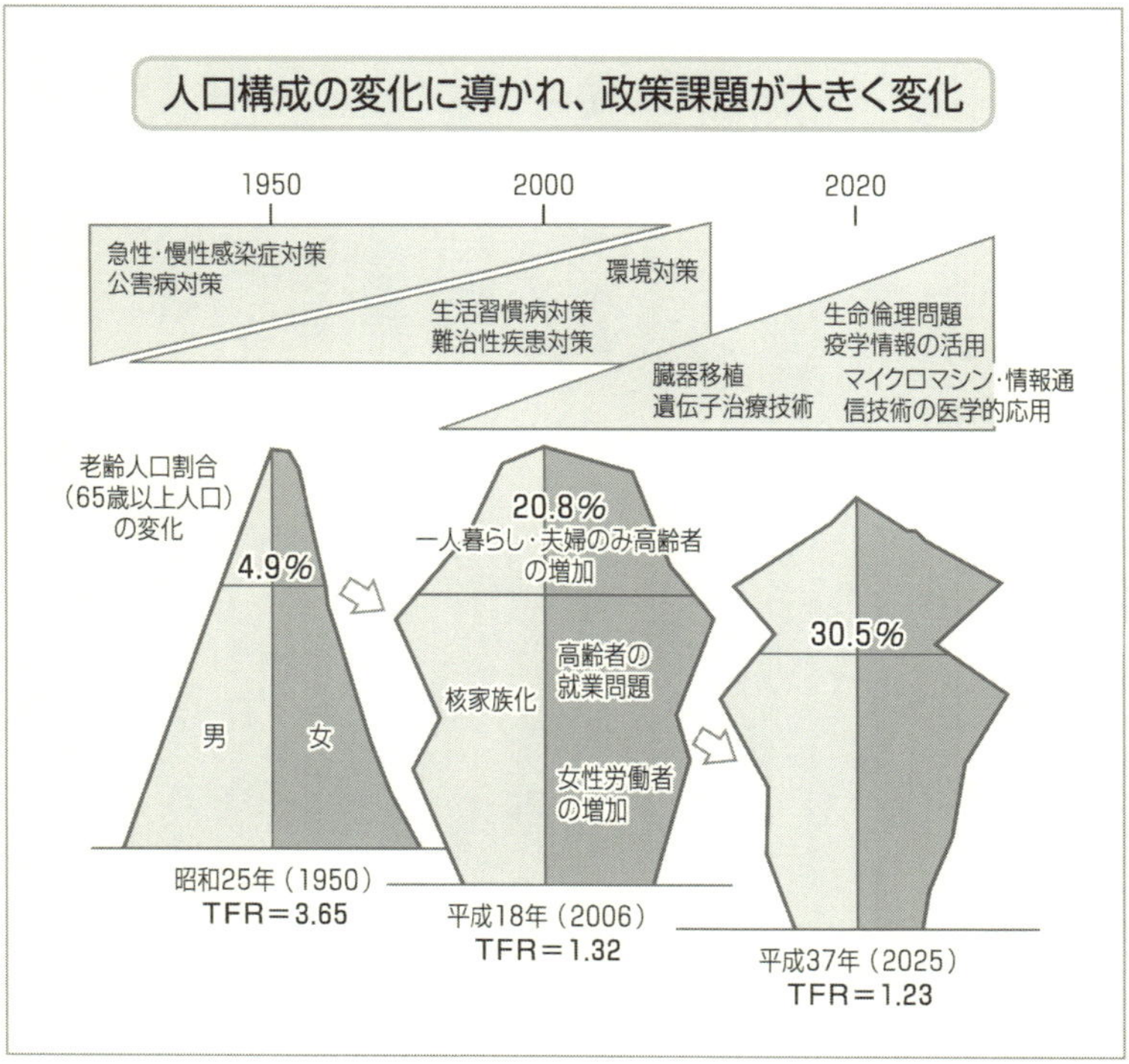

〈図：1〉衛生行政を巡る社会環境の変化

出所：厚生労働白書、国立社会保障、人口問題研究所「日本の将来推計人口（2006 年 12 月推計）」
注：%の値は、65 歳以上人口の割合。TFR は合計特殊出産率。

そしてこのような情勢から、1997年に厚生省が社会福祉研究者・実践者の代表による「社会福祉事業等の在り方に関する検討会」を立ち上げ、その議論をもとに厚生省は「社会福祉事業法等改正法案大綱骨子」を発表した。その理念を「個人が尊厳を持ってその人らしい自立した生活が送れるよう支える」とし、改革を推進することとした。具体的な改革の方向性として、大きく以下の3点を示し、内容を説明している。

①個人の自立を基本とし、その選択を尊重した制度の確立
②質の高い福祉サービスの拡充
③地域での生活を総合的に支援するための地域福祉の充実

- サービスの利用者を弱者保護の対象としてとらえるのではなく、個人の自立と自己実現を支援する福祉サービスにふさわしい、利用者とサービス提供者との対等な関係を確立する（対等な関係の確立）。
- 心身の状況や家族環境などに応じて個々の利用者が持つ様々な需要を総合的にとらえるとともに、それに対応して必要となる福祉・保健・医療等の各種のサービスが地域において相互に連携し、効果的に提供される体制を構築する（個人の多様な需要への総合的支援）。
- サービス利用や費用負担について、国民の信頼と納得が得られるよう、適正な競争を

通じて良質なサービスの効率的な提供を確保する（信頼と納得が得られる質と効率性）。
- 利用者の幅広い要望に応えるため、多様な提供主体による福祉サービスへの参入を促進する（多様な主体による参入促進）。
- 社会連帯の考え方に基づき、幅広い住民の積極的な参加を得て豊かな福祉文化の土壌を形成する（住民参加による福祉文化の土壌の形成）。
- サービスの内容や事業運営に関する情報を公開し、利用者による適切なサービスの選択と事業運営に対する信頼を確保する（事業運営の透明性の確保）。

なお、制度全般の改革とあわせて、生活保護制度が、今後とも国民生活の安全網（セーフティネット）としての役割を適切かつ効果的に果たせるよう、その在り方について検討する、といった方向性のもとに改革を進めることを示した。

そして具体的な改革を進める上で検討すべき主な事項の一つが、措置制度への検討であった。なぜならば、現行の措置制度は、一般的に事業の効率性や創意工夫を促す誘因に欠け、利用者にとってはサービスの選択や利用のしやすさの面で問題があると考えられ、事業者補助であるために透明性を欠き、これが腐敗につながる場合もあると考えられた。そのため、行政処分を行うことによりサービスを提供する措置制度を見直し、個人が自ら選択したサービスを提供者との契約により利用する制度を基本とする必要があると考えられた。またこの場合、サービスの利用に必要な費用をすべて利用者自身の負担とすることは適当ではなく、社会連帯の考え方に基づく公的助成を行うことにより、利用者を支える仕組みが必要であり、この助成は、介護保険制度の考え方のように利用者に提供されるサービスに着目したものとする必要があるとされた。このことは事業者にとっても、良いサービスを効率的に提供することが経営状態の改善につながることになるとされ、公的な費用負担の対象となるサービスと併せて、より快適な環境や付加的なサービスを自らの負担により購入できる仕組みをも必要とした。

一方、自己決定能力が低下している者については、その者の権利を擁護し、本人の意向を尊重したサービスの利用が可能となる制度が必要であることも配慮した。このような政策的動向のもとに、社会福祉基礎構造改革の具現化の一つとして介護保険制度が、２０００年４月に生まれた。その後を追って、２００３年の支援費法を経て、２００６年に障害者自立支援法が始まった。

(2) 効率的医療提供体制をめざした近年の医療法改正

医療法は、１９４８年に交付された医療界における憲法と言われているものである。そして、法の目的を「医療を提供する体制の確保を図り、もって国民の健康の保持に寄与する」こととしている。医師法が医療従事者としての医療のあり方を規定しているのに対し、医療法は人員基準や施設基準を法律上明確にしたものである。この医療法は1950年に「医療法人制度」が追加され、また「公的病床数の規制」が1962年に導入されたが、1985年まで目立った改正がなされることがなかった。しかし1980年代に入り、厚生省のもとに医療提供体制を見なおす気運が高まってきた。そのきっかけは、無資格の病院開設者が最新の機器を使って診療を行った富士見産婦人科病院事件[6]であった。これはそれまで、自由放任主義であった医療界にあって、医療の荒廃を示唆するものであり、社会的批判も高まった。このような背景の下、1985年、第1次医療法改正が行われた。

その後2006年改正まで、都合4回の改正が行われた。2000年の改正は、第5次改正となった。以下各改正の中身について、簡潔に説明をする。

まず1985年の第1次医療法改正では、無秩序な病院病床の増加に歯止めをかけるための医療提供体制の見直しが行われた。

具体策として、

①医療圏の設定

②都道府県への地域医療計画策定への義務付け

③医療法人の運営の適正化と指導体制の整備

を行った。しかし②の地域医療計画の策定に関しては、多くの都道府県がシンクタンクへの依頼を行ったことにより、住民には分かりにくいものであった。

第２次医療法改正は、１９９２年に行われた。ここでの主なポイントは、

①医療施設機能の体系化

②医療に関する適切な情報提供

③医療の目指すべき方向の明示

④業務委託の水準確保

⑤医療法人の附帯義務の規定

の５点であった。この中でも①・②が中心課題であり、①では病院に新しく二つの機能を加えた。二つの機能とは、高度な医療を提供する病院として厚生労働大臣より承認を受けた「特定機能病院」と長期療養患者の生活面にも配慮した機能を持つ病床の集合体である「療養型病床群」で、キュアに重きを置くのではなくケアに重きを置いたものであった。②は、あくまでも患者に適切な医療情報を提供するという目的のもとに行われ、院内掲示と院外広告の二つに大別された。

これからも明らかなように、第２次医療法改正は、介護保険導入に向けての基礎整備でもあった。

第3次医療法改正は、1998年に行われた。この背景には、より一層拍車のかかった高齢化の進展、疾病構造の変化等わが国の医療を取り巻く環境の著しい変化のなかで、要介護者の増大に対応するため、介護体制の整備が重要となってきたことがある。この背景の下での改正であったが、改正のポイントは、

①療養型病床群制度の診療所への拡大
②地域医療支援病院の創設
③医療計画制度の充実
④医療法人の業務範囲の拡大

に関する規定の整備であった。ここでの②の地域医療支援病院とは、原則として200床以上の病床をもつ病院を言い、地域医療の確保にあたり、ネットワーク機能（紹介患者への医療提供、施設・設備の協働利用およびオープン化）、救命救急機能、臨床研修機能を有することが要件とされ、2006年度において全国で、未だ118医療機関にしか達していないのは、地域医療支援病院が診療報酬上、経営的効果がほとんどないことが原因と考えられる。

地域のネットワーク機関としての地域医療支援病院の発展が遅れているという現状はあるものの、このようにいくつかの医療法の改正は、医療機関に持ち込まれる社会福祉課題、

その中でも、医学的治療が終了した時点で、継続した医療管理と介護を有する患者への医療と福祉の協同を行っていく方向に少しずつ医療機関が機能の拡充を図っていくようにはなってきた。

そして、第4次医療法改正は2000年に行われた。第4次医療法の目的は、より一層高齢化が進展し、疾病構造の変化から〈図：2〉でも明らかのように、わが国の医療費支出の年々の増加から、財源の見直しをも含め、良質な医療を効果的に提供する体制を確立することにあった（川渕孝一　2006）。

そのため第4次改正は、

①入院医療を提供する体制の整備（病床区分の見直し）

②医療における情報提供の推進（広告規制の緩和）

③医師・歯科医師の臨床研修の必修化

を図るものであった。この中でも最も重視された①についてであるが、わが国は、欧米との比較において、平均在院日数が長く、その理由としては、過剰病床傾向にあり、医療におけるマンパワーの不足があげられるが、なによりも急性期と慢性期の入院の混在が考えられた。このことはまた一方で、非合理な医療費の支出にも繋がっていたことへの解決の手がかりとしてなされたものである。

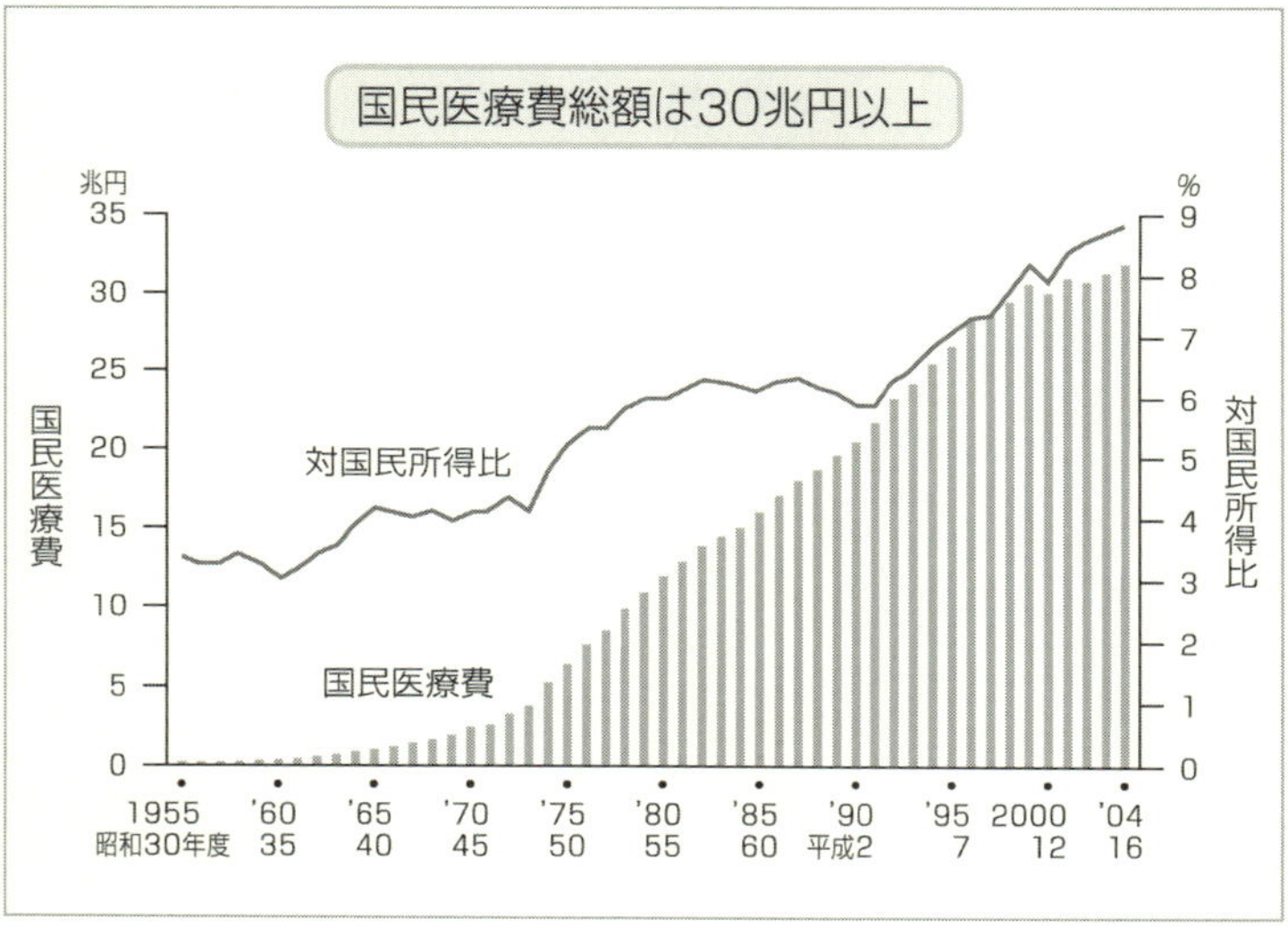

〈図：2〉 国民医療費の推移

出所：厚生労働省「国民医療費」・国民衛生の動向 2007

具体的に、この部分について第４次改正では、患者の病態にふさわしい医療を提供するために、急性期と慢性期の病床区分を行い、これにあわせた人員配置基準、構造設備基準を設けた。そして、すべての医療機関に対し、「一般」か「療養」かの病床区分の届出を義務付け、一般病床の看護師の配置基準の強化を行った。この改正により、医療従事者の質の向上を図るための臨床研修必修化は、一方では大学の医師不足の深刻化をきたし、地域の病院からの派遣医師の引き上げなども相次ぎ、また夜間救急医療が破綻に陥っていることなど、治療医学の基本である人々の生命の保障というミッションを揺るがす結果を招いたことは否めない。

そして、２００６年の第５次医療法の改正である。これは第１次改正から第４次医療法改正が、医療を取り巻く問題解決に向けての微調整であったものを、これまでの改正に伴う問題点をも検討した上での、内容的に多岐にわたる踏み込んだものとなった。つまり抜本的改革であり、

①医療計画制度の見直し等を通じた医療機能の分化・連携の推進
②地域や診療科による医師不足問題への対応
③医療安全の確保、医療従事者の資質の向上
④医療法人制度改革

⑤患者等への医療に関する情報提供の推進

の五つの柱より成り立っていた。そして第5次医療法の改正は、当面の医療の諸問題を解決するだけではなく、日々変化する患者ニーズに対応していくことに主眼を置き、将来において良質な医療を提供する体制を確立することを目的とした。つまり、患者への医療に関する情報提供の推進や医療計画の制度の見直しによる医療機能の分化・連携の推進により日々変化する患者の医療ニーズに対応しようとした。

このようなことから第5次医療法の改正は、わが国が抱える医療の課題について財政を破綻させることなく解決に導くための政策をうちだす、まさに医療システムの将来構想を実現させるために行われた医療改革であった（大道久　2005）。

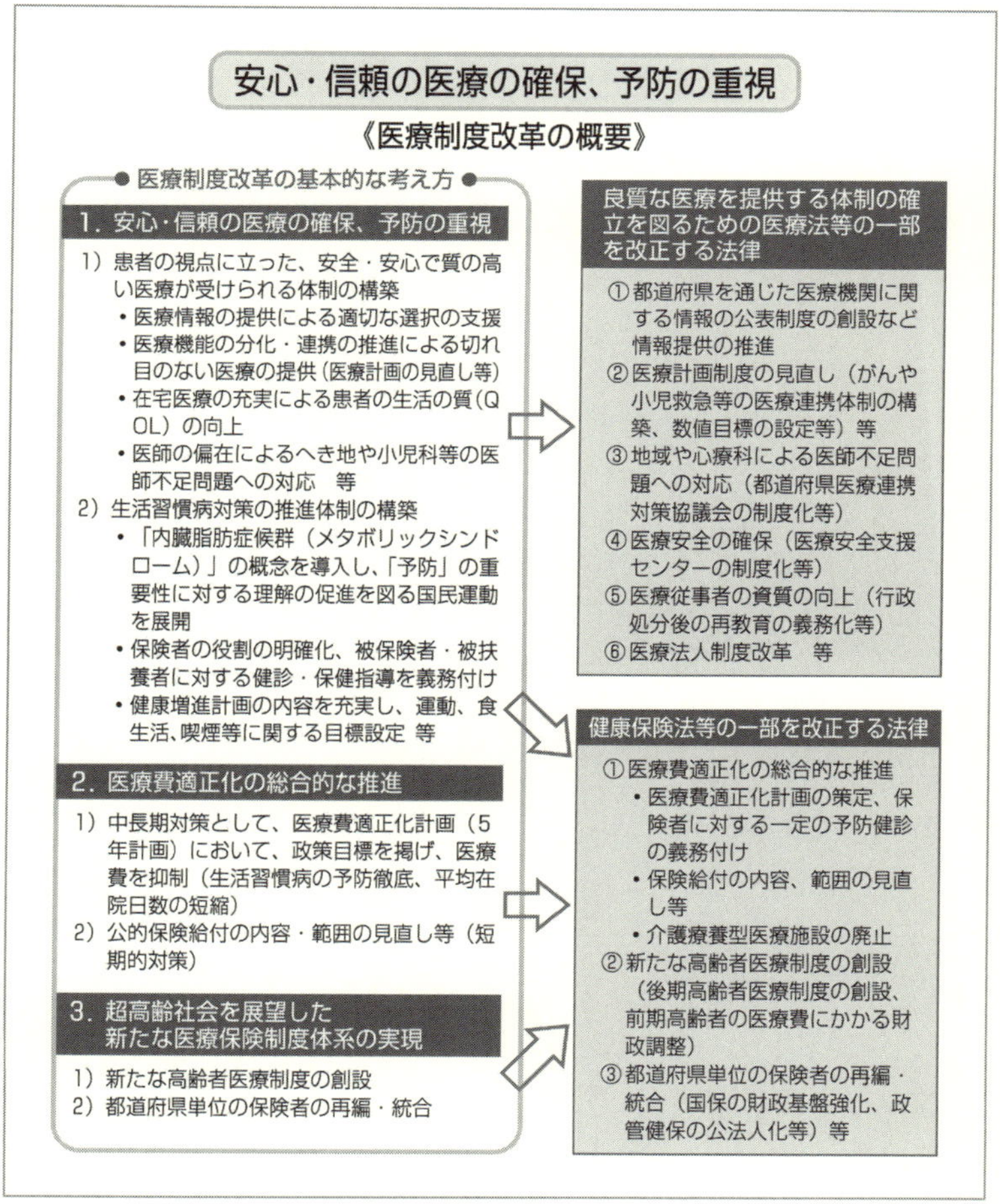
安心・信頼の医療の確保、予防の重視
《医療制度改革の概要》
医療制度改革の基本的な考え方
1．安心・信頼の医療の確保、予防の重視
1）患者の視点に立った、安全・安心で質の高い医療が受けられる体制の構築
・医療情報の提供による適切な選択の支援
・医療機能の分化・連携の推進による切れ目のない医療の提供（医療計画の見直し等）
・在宅医療の充実による患者の生活の質（QOL）の向上
・医師の偏在によるへき地や小児科等の医師不足問題への対応　等
2）生活習慣病対策の推進体制の構築
・「内臓脂肪症候群（メタボリックシンドローム）」の概念を導入し、「予防」の重要性に対する理解の促進を図る国民運動を展開
・保険者の役割の明確化、被保険者・被扶養者に対する健診・保健指導を義務付け
・健康増進計画の内容を充実し、運動、食生活、喫煙等に関する目標設定　等
2．医療費適正化の総合的な推進
1）中長期対策として、医療費適正化計画（5年計画）において、政策目標を掲げ、医療費を抑制（生活習慣病の予防徹底、平均在院日数の短縮）
2）公的保険給付の内容・範囲の見直し等（短期的対策）
3．超高齢社会を展望した新たな医療保険制度体系の実現
1）新たな高齢者医療制度の創設
2）都道府県単位の保険者の再編・統合
良質な医療を提供する体制の確立を図るための医療法等の一部を改正する法律
①都道府県を通じた医療機関に関する情報の公表制度の創設など情報提供の推進
②医療計画制度の見直し（がんや小児救急等の医療連携体制の構築、数値目標の設定等）等
③地域や心療科による医師不足問題への対応（都道府県医療連携対策協議会の制度化等）
④医療安全の確保（医療安全支援センターの制度化等）
⑤医療従事者の資質の向上（行政処分後の再教育の義務化等）
⑥医療法人制度改革　等
健康保険法等の一部を改正する法律
①医療費適正化の総合的な推進
・医療費適正化計画の策定、保険者に対する一定の予防健診の義務付け
・保険給付の内容、範囲の見直し等
・介護療養型医療施設の廃止
②新たな高齢者医療制度の創設（後期高齢者医療制度の創設、前期高齢者の医療費にかかる財政調整）
③都道府県単位の保険者の再編・統合（国保の財政基盤強化、政管健保の公法人化等）等

〈図：3〉第１次から第５次医療法改正にもとづく医療制度改革の概要

出所：国民衛生の動向 2007・P10

〈表：2〉

第1次から第5次医療法改正の経緯

改正次と年度	改　正　の　要　点
第1次改正（1985年）	病院病床数が増え、医療費が増大するのを抑制するために、全国を2次医療圏（都道府県内を数地域から十数地域に分け、一般的な病気はその地域内で診療が完結するように考えられた圏域）と3次医療圏（原則として都道府県単位）に分けて、それぞれ病床数の上限を規制した。
第2次改正（1992年）	医療機関の機能分化を進めるため、特定機能病院（高度の医療に対応する大学病院など）と療養型病床群（主として長期にわたり療養を必要とする患者を収容する病床）を制度化した。
第3次改正（1998年）	総合病院制度を廃止して地域医療支援病院（診療所や中小病院からの紹介患者を一定比率以上受け入れ、これらの医療機関と連携・支援する病院）を新設した。
第4次改正（2000年）	一般病床から療養病床を独立させ、一般病床を結核・精神・感染症・療養病床以外の病床と規定した。
第5次改正（2006年）	医療法全般に亘って大幅に手が加えられ、患者の選択に資する医療機関情報提供の推進、広告規制緩和、医療安全対策の強化、患者相談窓口設置の努力義務、医療計画の見直し、医療機能の分化・連携、行政処分を受けた医師等への再教育、医療法人制度の改革などが定められた。

（筆者作成）

３．保健医療・福祉政策の展開がもたらした保健医療ソーシャルワークプロセスの変質

(1) 福祉政策の展開がもたらした保健医療ソーシャルワークプロセスの変質

これまでに述べた、わが国の近年（１９００年代後半から現在まで）の保健医療・福祉の疾病構造の変化、高齢社会の到来、治療医学の進歩、介護に始まる保健医療福祉課題の一般化等の人々の保健医療を取り巻くニーズを、財政的破綻をきたすことなく解決しようとする政策的展開は、様々な保健医療・福祉の実践現場において混乱やいくつかの課題をもたらすこととなった。

本節では、これらの一連の政策的展開が、保健医療ソーシャルワークプロセスにどのような課題を投げかけることになったかという点について考察を行う。

その対象者として、疾病や事故に対する医学的治療と身体的機能回復を目指したリハビリテーションが終了したにもかかわらず、身体的機能上の障害を残すことにより、日常生活そして社会生活において多くの障害を持つことになり、介護保険法や障害者自立支援法の利用のもとでの福祉サービスの活用を図り、福祉課題を解決し、社会において自己実現を図った人生を再び獲得していく中途身体障害者をとりあげる。

まず、社会福祉基礎構造改革の具現化である介護保険法や障害者自立支援法（2013年障害者総合支援法に改正される）が、中途障害者への自己実現に向けての援助である保健医療ソーシャルワークプロセスにどのような影響をもたらしたかについて述べる。

介護保険法や障害者自立支援法は、利用者の自立を目的とした措置から契約への移行をもたらした。医療機関での治療を終えて、障害を抱えて地域社会に復帰していく上での環境調整を行う際に、自らが環境調整のために必要とするサービスの活用を行うこととなり、そのサービスの適切な活用や計画作りにあっては、ケアマネージメントの専門性を必要とする。そしてそのケアマネージメントは制度の仕組みから、介護保険法では介護支援専門員に、障害者自立支援法では相談支援事業者である相談支援専門員へ依頼を行うこととなった。介護保険制度のもとでの介護支援専門員については3章1の(2)で述べるため、本章3の(1)では、障害者自立支援法に基づくケアマネージャーである相談支援専門員について述べる。

相談支援専門員は、障害者自立支援法において障害者の保健、医療、福祉の分野における相談支援やその他の直接支援業務、障害者の就労、教育の分野における相談支援業務の実務経験と国または都道府県の実施する相談支援従事者研修（5日間程度）の受講を受け、5年に1回以上の受講が義務付けられている。

相談支援の手順は、以下の〈図：4〉とされている。

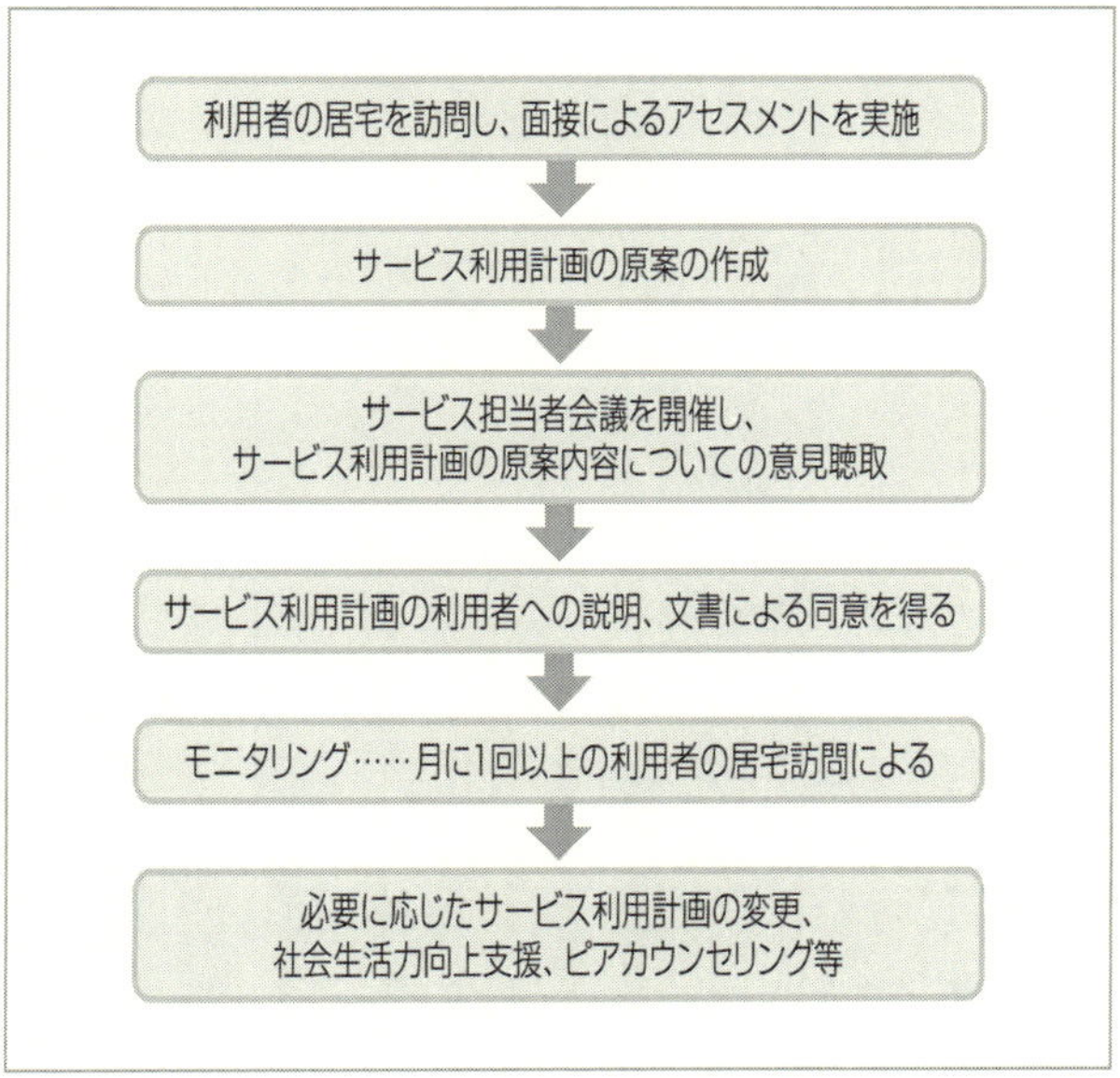

〈図：4〉相談支援の手順

引用：「障害者自立支援法活用の手引き―制度の理解と改善のために―」障害者生活支援システム研究会編・かもがわ出版・2006・P70

そして、この相談支援をクライエントが受けるにあたっては、クライエントが、〈図：5〉のプロセスを経て、サービスの支給決定を受けてから、福祉サービス利用計画の作成についての相談を希望するのであれば、その時点からの相談支援専門員との関係性が始まる。

ではなぜこのことが、保健医療ソーシャルワークプロセスに課題を投げかけることになったのであろうか。障害者自立支援法施行以前の保健医療ソーシャルワークについて、ここであらためてそのプロセスを検討し、障害者自立支援法施行以降どのような変化が生じてきたのかを見ることにより、障害者自立支援法以降の課題を明らかにしたい。

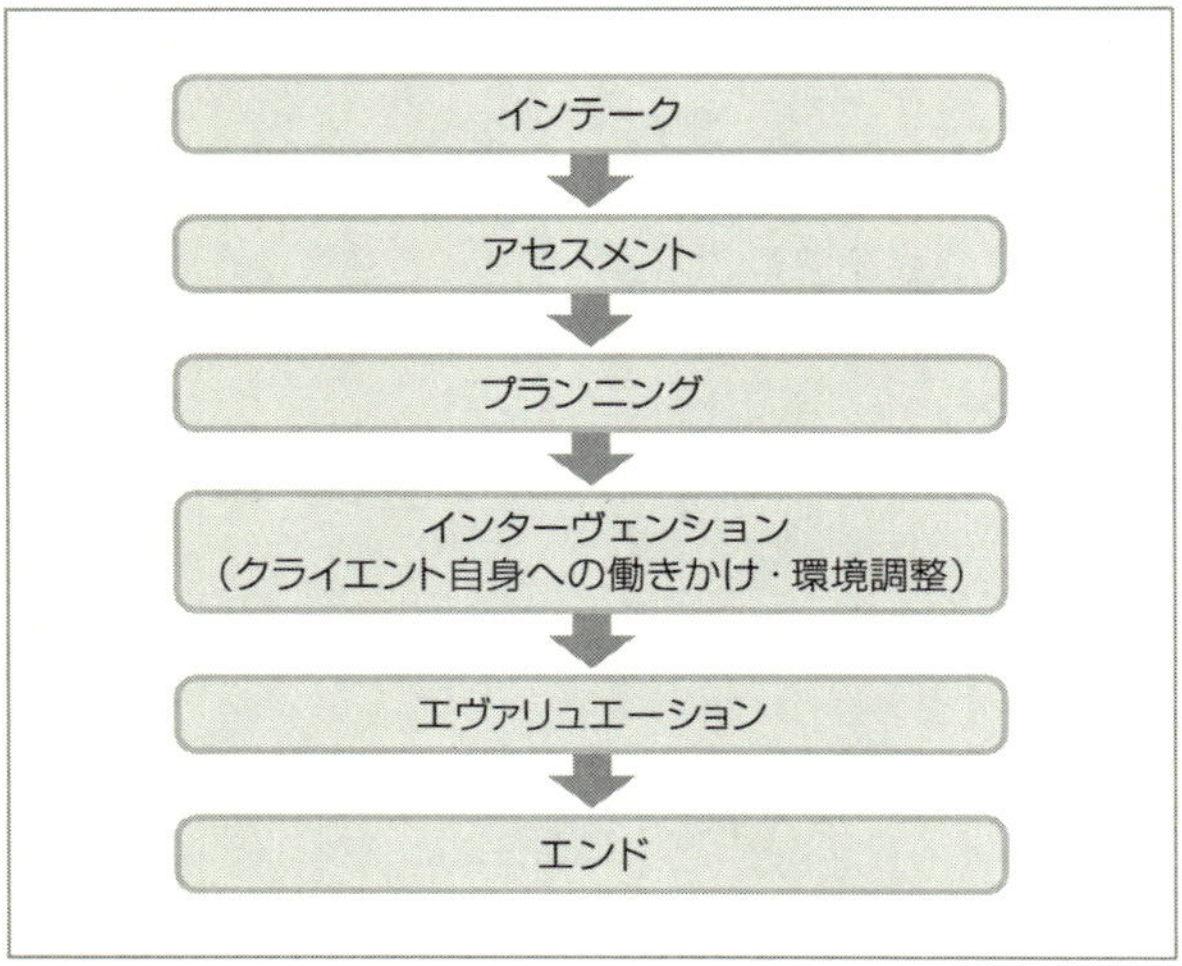

（筆者作成）

〈図：5〉医療ソーシャルワークプロセス

障害者自立支援法施行以前の保健医

療ソーシャルワークは、〈図：５〉に示すプロセスに基づき、援助が展開されてきた。

しかしながら、インターヴェンションの段階での環境調整に関しては、障害者自立支援法では相談支援事業者である相談支援専門員に委ねられることとなり、障害者自立支援法施行以前のように、一箇所の医療機関の一人のＭＳＷがインテークからエンドに至るまでを担うことができなくなり、インターヴェンションの段階で中断するという現象が起きたのである。

以下では、障害者自立支援法以前の中途障害者への保健医療ソーシャルワーク援助を①事例の紹介を行い、②事例の分析に基づき、インテークからエンドまでの一連の保健医療ソーシャルワークプロセスにより、はじめてクライエントが障害を受容し、自己の価値を新たに見出し、自己実現に向けての生活の模索をはじめ、具体的な生活環境を整え、日常生活や社会生活に復帰していくプロセスを考察する。

1．事例の概要

―心理社会的背景について―

氏名：Ｍ・Ｋ　性別：♂　年齢：15才（中学3年生）

受傷原因・障害名：海水浴場の跳び込み台より頭部から飛び込み、第５頸椎骨折により四

肢マヒとなる

家族状況：

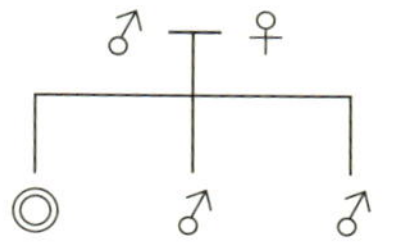

（父）48才、半年前より行方不明
（母）45才、内職にてわずかな収入あり
（弟）12才、小学6年生
（弟）9才、小学3年生

経済状況：生活保護受給

家屋状況：文化住宅の一階部分（キッチン・3畳・6畳）

―援助のプロセス―

クライエントは受傷後、救命救急センターでの2週間の急性期治療を経て、リハビリテーション目的にて総合病院O病院へ転院となる。O病院ではリハビリテーション科、整形外科、泌尿器科が共同で関わり、ＭＳＷも転院時より介入を行うことになる。クライエントは受傷時より極度のショック状態のため無言で、経口摂取を拒み、中心静脈栄養[7]にて栄養補給を行っていた。医療スタッフ、家族ともコミュニケーションはとれない状態にあった。ＭＳＷは、ベッドサイドにてワーカー・クライエントの専門的援助関係を形成するための働きかけを行ったものの、クライエントからの反応はまったく見られない日々が続いた。クライエントは、眠っているか、天井の一点をみつめているかであった。主治医（このクライエントの場合、整形外科医）が、多くの患者の場合、この時期に病状説明や障害の告知（インフォームド・コンセント）を行うのであるが、クライエントには、時期尚早と判断し見合わせていた。まさに、ショック、混乱のプロセスにあって、彼なりの表現のあり方で援助を求めている様がありありとうかがわれた。

　多くのクライエントは、この時期、家族や医療スタッフに対して、どこにもぶつけようのない怒りを表出したり、障害の事実に対して断固として拒絶的であることを言語や態度で表現するので、ＭＳＷは、その感情に対して共感的理解を示し、「意図的感情表出」を行い、傾聴面接を進めることにより、クライエントに十分吐露させ、クライエントの内的エネルギーを引き出すことに努めた。このプロセスを踏んでいく中で、障害を被った自己を肯定的な角度から考えようとする模索が始まった。しかし、本クライエントの場合、15

オという自我の確立が未完成な時期であることや、彼自身のパーソナリティから、上述のような症状を示したと考えられる。

　以上のような状態が続く中、ＭＳＷは転院後約１ヶ月経過した頃を見計らい、主治医の許可を得て、クライエントをストレッチャーに乗せ、病院の屋上に連れ出した。その日は清々しい秋晴れの日で、都会の病院ではあるものの遠くには公園の緑も見え、目の前に広がる空は青く澄んでいた。クライエントは、頬をなでる優しい風に、心なしか表情が和らいだようにＭＳＷには見受けられた。「空って、こんなに青かったのね」といったような何気ない言葉をＭＳＷはクライエントにかけ、ほとんど空を見ながら、３時間ほど時間を共有した（ビーイング・ソーシャルワーク）。

　その後、このことが少しはクライエントの心の整理のきっかけになったのかクライエントは少しずつ、言葉を発するようになり、食事も経口摂取が可能となった。身体機能面及びＡＤＬ改善面においてのリハビリテーションも順調に進んできた頃（受傷後約３ヶ月を経過）、主治医よりインフォームド・コンセント（障害告知）がなされた。ＭＳＷは、クライエントと家族と共に、あくまでもクライエントの立場でその場に同席した。主治医からの説明にクライエントは静かに耳を傾け、理解していたようであった。ベッドサイドに戻ったクライエントは、ＭＳＷに「ありがとう。ぼく、もう終わりやね」と言った。「きびしいけれど、これからのこと、一緒に考えていこうね。そうしたら、別のあなたが始まるのとちがうかな?」と返した。それに対し、クライエントはさびしそうに微笑を返し、「これからも、よろしくお願いします」とあきらめに近いが障害受容の一歩が見られたようであった。

その後、クライエントは元気が出ないまま（軽い鬱状態と診断されたが、特に投薬治療などはなされなかった）理学療法、作業療法部門のリハビリテーションや、排尿管理の訓練、褥瘡予防に関する知識と方法の習得などを進めていった。

ＭＳＷは、クライエントの環境調整を進める中で、クライエントが少しずつ障害者である自己への価値を見出し、可能性を拡大した人生の、生活の模索に繋がるよう、院内学級への転校（クライエントは受傷時、中学3年生の夏休みで、その後地元中学には休学中となっていた）を進めた。その後、院内学級へのスムーズな転校が実現し、新しい友人や教師との関係性が形成された。患者会の紹介を行うことにより、その中でスポーツ障害の頸椎損傷者との出会いもあり、クライエントに将来への希望の光が見えてきた。退院後の生活の場の環境調整（家屋改造等物理的環境調整や介護者の確保等、社会資源の活用のもとに行った）をすすめていくことも、クライエントが将来の生活設計を自ら前向きに検討していく力を引き出す吸引力にもなった。

最終的にクライエントは、持ち主の許可を得て、生活保護法や身体障害者福祉法の活用のもとに家屋改造を行い、もとの文化住宅に家庭復帰し、それと同時に養護学校の高等部に入学した。そして母やホームヘルプサービス、ボランティアの介護力を得て、3年間、自宅より養護学校に通学し、卒業と同時に会計士をめざすため、専門学校の入校を果たした。退院後、定期検診やちょっとした身体的トラブルによる外来受診の際は、必ずMSWを訪ね、「障害を持って、初めて解ったことや、障害を被ったから出会えた人々があり、生きるということに真剣になれた。けれど、この期に来てもまだ、なぜ自分があんな事故をしてしまったのかと後悔することも時々ある。この後悔は、一生続くのやろうね。しょうがないね」と近況を明るい表情で話してくれた。後悔をひきずりながらも彼のまなざしはしっかり未来を見ているようであった。

2　事例の分析と考察

以上の事例をソーシャルケースワークプロセスのインターヴェションの段階での①障害受容を主な目的としたクライエント自身への働きかけと、②新たな人生に向けてのクライエントの環境調整に分類をし、両者の関係性を示した。

〈クライエント自身への働きかけと環境調整との分類〉

①クライエント自身への働きかけについて：

＊受傷時、間もないショック状態のクライエントに対してベッドサイドを訪問し、ビーイングソーシャルワークを行う…(A)

＊クライエントを医師の許可を得て、ストレッチャーで屋上に連れ出し、時間を共有する…(B)

＊クライエントと家族が、医師よりインフォームド・コンセントを受ける際に、同席し、その後クライエントと家族が障害に対する客観的事実を認識することへの援助を行う…(C)

＊理学療法、作業療法等ＡＤＬ（Activities of Daily Living，日常生活動作、以下ＡＤＲと称す）改善へのリハビリテーションが進む中、クライエントの様子を見守り、将来への可能性をクライエントが見つけられるよう面接を繰り返し行った。エンパワーメントをはかる…(D)

＊退院後の生活設計についてクライエントが自ら建設的に考えていくようサポートする…(E)

＊退院後の外来受診時において、クライエントの近況について生活状況及び心境について傾聴面接を行う…(F)

②クライエントの環境調整について：

＊病状が安定した段階で、主治医の許可を得て、病棟から屋上にストレッチャーで連れ出す…(a)

＊休学中であった地域の学校から院内学級への転校を援助する…(b)

＊患者会の紹介を行い、人間関係の拡大への援助やピアカウンセリングの機会を提供する…(c)

＊身体障害者手帳取得への援助を行い、制度の紹介を行う…(d)

＊退院援助として、自宅復帰への環境調整を行う…(e)

＊養護学校高等部入学に関する援助を行う…(f)

＊会計士を目指すため、専門学校への進学援助を行う…(g)

中途障害者の発症・受傷から社会復帰に至る医療ソーシャルワークは、以下の〈図：6－1〉・〈図：6－2〉に示すように、エンパワーメントを用いた障害受容への心理的アプローチと、新たな生活の場を獲得するため、社会資源の活用のもとでのケアマネージメントの技法を用いた環境調整が、一人のMSWのもとで、一連のソーシャルケースワークプロセスの中で、中途身体障害者の受傷、発症直後より相互に有機的に展開することにより、対象者の生存・生活権保障の上に立った社会復帰の獲得を導き出している。

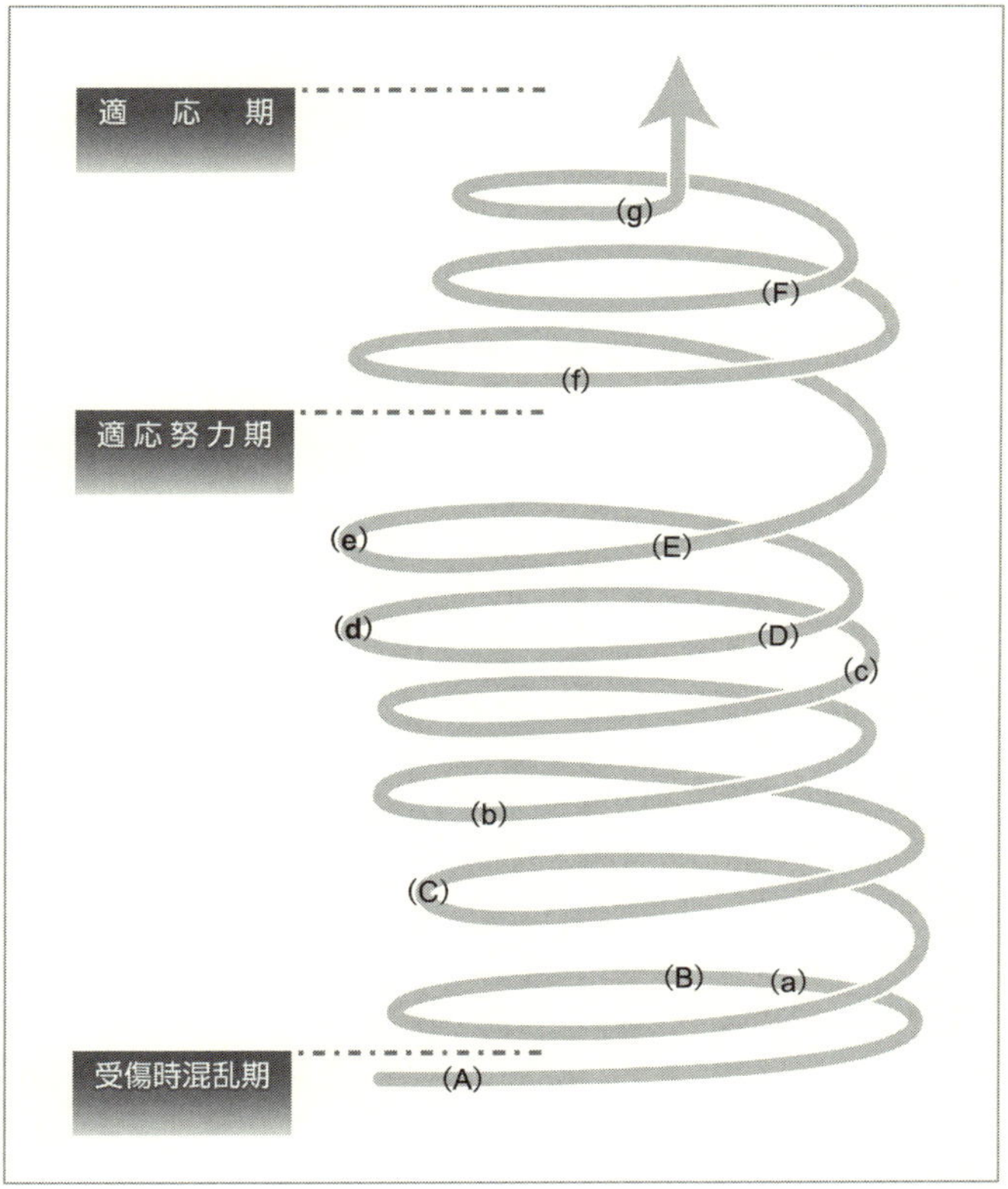

（筆者作成）

〈図：６－１〉クライエント自身への働きかけと環境調整との関係性

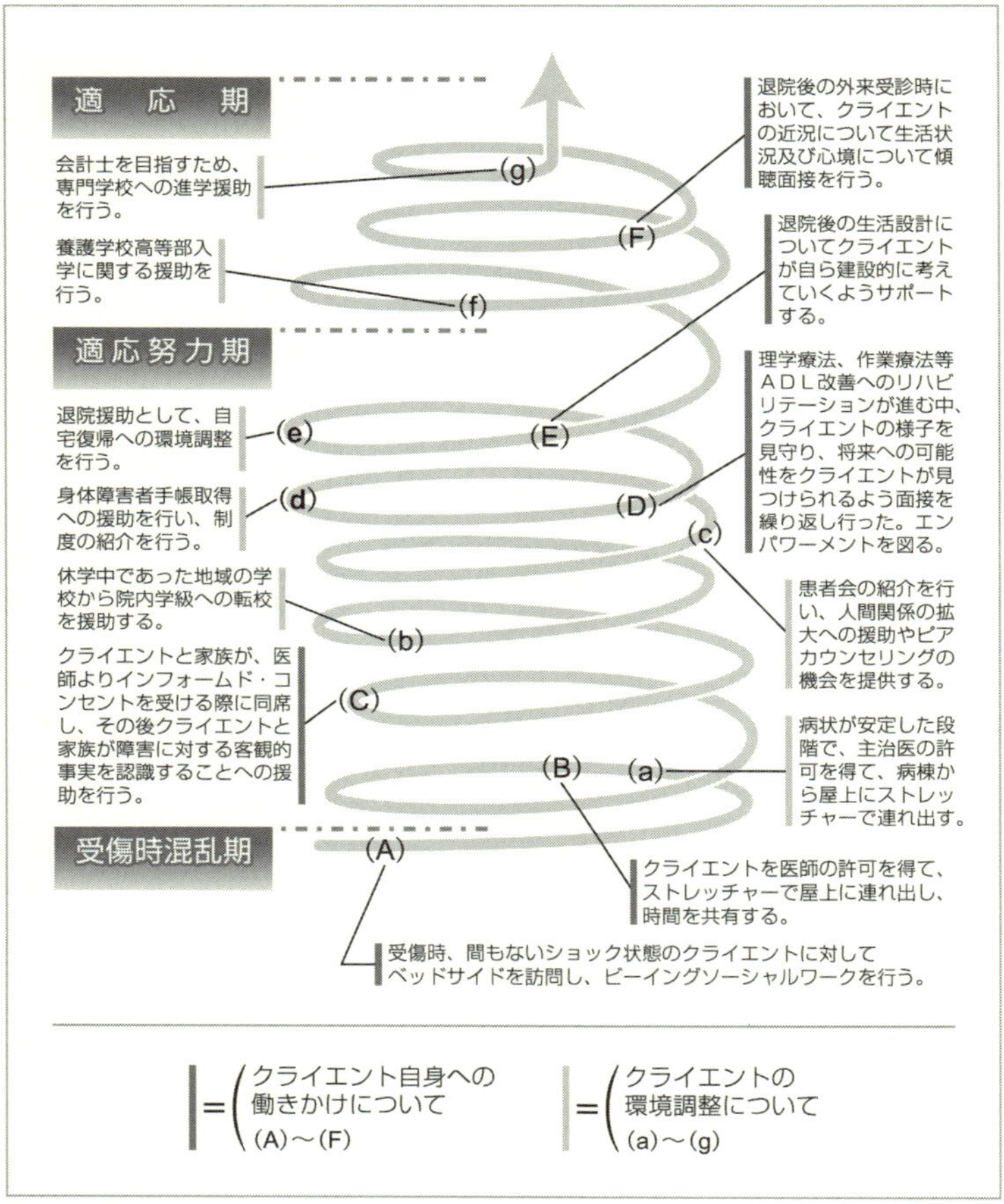

（筆者作成）

〈図：6－2〉　クライエントへの働きかけと環境調整との関係性

　このことは、中途身体障害者が真の障害受容を獲得し、生活の主体者として新たに自己実現を果たしていくにあたり、受傷時よりＭＳＷが介入することの意義を示し、疾病や事故などによりある日突然身体に障害を抱え、その後の人生を身体に障害を抱えながら、なお継続的な医療管理を必要とし、新しい人生を繰り広げていくことを余儀なくされた人々に対し、一連の専門家によるソーシャルケースワークの介入の重要性を示している。

　しかしながら、措置から契約への過渡的制度であった、２００３年4月より導入された支援費制度を経て、２００６年10月より導入された障害者自立支援法は、クライエント自身によるサービスの活用と社会資源の活用といった個人の力量に委ねられ、環境調整にあっては、相談支援事業者すなわちケアマネージャーに委託することとなり、これまでの一人のＭＳＷがソーシャルワークプロセスを最初から最後まで担当する〈図：６－１〉・〈図：６－２〉に示す援助の展開はできなくなった。これは、介護保険法においてもまったく同様のことが発生した。つまり、以下〈図：７〉に示すような医療ソーシャルワークプロセスの中断化を招いた。

　介護保険法や障害者自立支援法等の社会福祉基礎構造改革の代表的政策展開は、制度活用が従来の措置から契約への移行により、クライエントの自己決定権に委ねられることとなった今、クライエントの主体性の尊重という点においては評価できるが、すべての障害

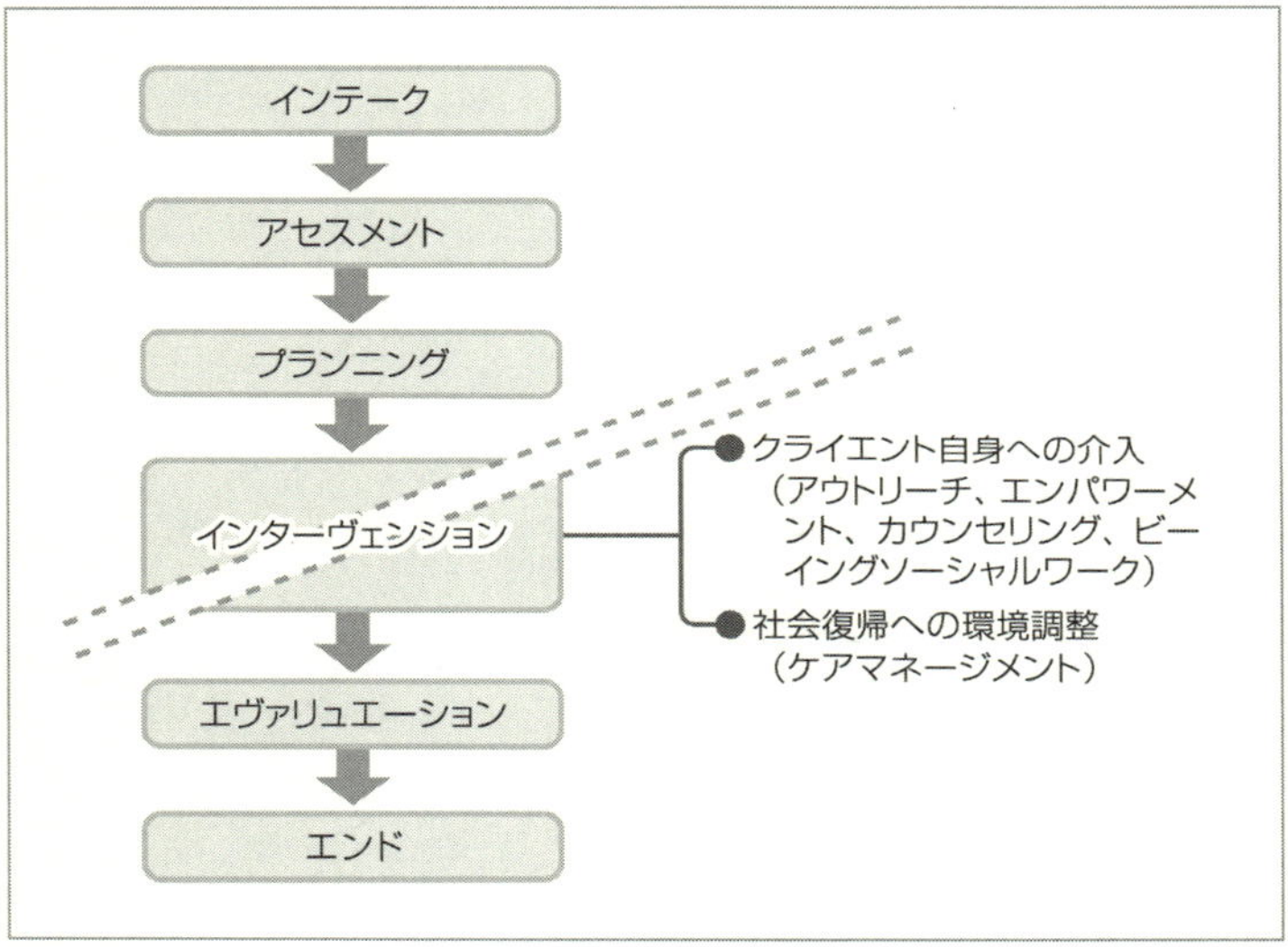

（筆者作成）

〈図：7〉介護保険法・障害者自立支援法等政策的展開がもたらした医療ソーシャルワークプロセスの中断化

者がもともと自己の障害を客観的に理解し、受容し、自己のＱＯＬ（Quality of Life 生活の質、以下ＱＯＬと称す）を求めて社会資源を適切に活用できる力を発揮することは困難である。

特に中途身体障害者障害の場合は、障害受容からはじまり、障害者である自己への価値を見出したうえで、主体性や自己決定能力をクライエントより引き出すエンパワーメントや、権利擁護を必要とする障害者が多々存在する。まさにこのプロセスを専門性を持って援助していく保健医療ソーシャルワークが必要である。にもかかわらず、保健医療ソーシャルワークプロセスの中断という現象が生じている以上、疾病や事故により身体機能面において障害を被り、日常生活、社会生活での障害を抱えつつ生活を営む人々の生存・生活権保障を揺るがす事態が生じていると言っても過言ではない。

(2) 保健医療政策の展開がもたらした保健医療ソーシャルワークプロセスの変質

次に保健医療ソーシャルワークに対し、もう一つの課題を投げかけている医療政策的展開である医療法の改正について述べる。医療法改正の中身については本章２の(2)で述べたが、その中で本論で対象としている疾病や事故を原因とし、急性期治療からリハビリテーション医療までを受けた上で、地域での生活へと復帰する中途障害者への保健医療ソーシ

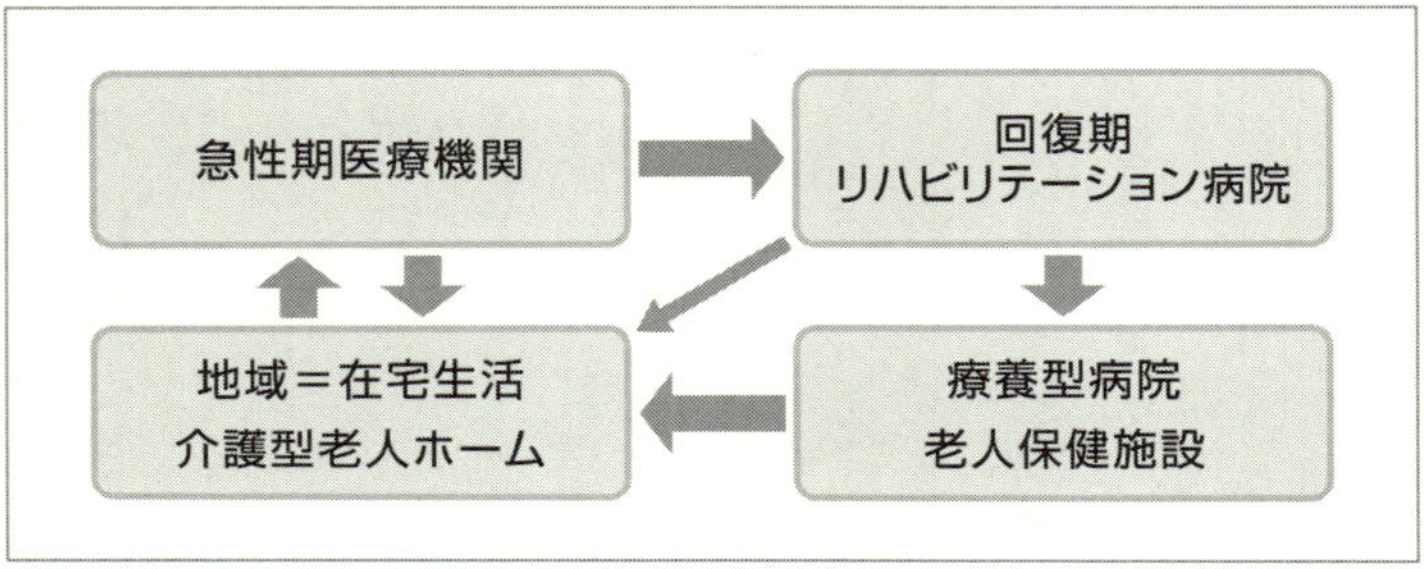

（筆者作成）

〈図：8〉医療機関の機能分化に基づく患者の治療的流れ

ャルワークに課題を投げかけ、ひいてはクライエントの生存・生活権保障に課題を投げかけているのは、医療法改正のうち効率的に医療を提供する体制作りを目指して行われた第４次・第５次医療法改正による医療機関の機能分化である。この医療機関の機能分化は、これまでのように、一箇所の医療機関で急性期から慢性期治療を行うのではなく、あるいは慢性期も地域への復帰をなかなかできずに退院をせず、入院生活の長期化に至るのではなく、〈図：８〉に示すように、患者の身体的治療状況に応じた機能を持つ医療機関を個別に設け、患者がその時々の身体的治療に応じた機能を持つ医療機関に変わっていくこととした。言わば、患者の医療機関の「乗り継ぎ現象」を巻き起こしたのである。

　このことは、保健医療ソーシャルワークを分断させることとなった。なぜなら、これまでの治療は、一医療機関で達成されることが多く、一医療機関の一ＭＳＷが一患者（＝クライエント）に対し、ソーシャルワークのプロセスに沿って、インテークから終結（エンド）まで関わることができた。しかし、医療機関の機能分化により、クライエントは身体的治療上の目的に沿って、その目的に応じた医療機関を乗り継いでいくが、医療ソーシャルワーカーは一医療機関に属しているため、クライエントと共に医療機関を移動していくことができず、一連の保健医療ソーシャルワークプロセスを援助していくことが不可能となった。

つまり、クライエントの治療的進展に伴った医療機関の移動＝転院の際に一ＭＳＷによる保健医療ソーシャルワークプロセスが中断され、クライエントの多くは複数の機能別の医療機関を転院することになり、保健医療ソーシャルワークの中断もその度ごとに起こり、中断化から分断化に至った。これに伴い、クライエントは一連のプロセスからなる保健医療ソーシャルワークを享受することが困難となり、身体的治療に関する保障は守られてはいるものの、地域において障害を抱え、継続的医療管理を必要とする生活の主体者としての生存・生活権の保障が守られなくなってきたのである。

注：

1　近年の介護・福祉ニーズの多様化・高度化に対応し、人材の確保・資質の向上を図ることが求められている背景のもとに、次の4点の改正がなされた。
1．定義規定の見直し 社会福祉士 介護福祉士
2．義務規定の見直し 社会福祉士 介護福祉士
3．資格取得方法の変更 社会福祉士 介護福祉士
4．任用・活用の促進 社会福祉士

2 岡村重夫『医療福祉学（各論）』柴田書店・1963・P122

3 「政策論」と「技術論」の各立場から社会福祉の体系的理解を図ろうとする社会福祉の本質探求を目指したもの。

4 岸勇と仲村優一間で公的扶助制度という枠組みの中でなされた「生活保護受給者の人権を守るために一緒に運動するのは大事だが、専門の労働の中で守る志向・努力が必要」というもの。仲村に対し、「福祉労働者は、福祉労働を通してというよりも、別に運動を展開して福祉を必要としている人たちと一緒の運動をやるのが人権を守るのであれば本来の筋だ」という趣旨のもとでの政策・技術論争である。

5 真田是編著『戦後日本社会福祉論争』法律文化社・1979・P130

6 1980年、埼玉県所沢市の「芙蓉会・富士見産婦人科病院」で医師の資格が無い同病院の理事長・北野早苗が医師法違反、保助看法違反の容疑で逮捕された。北野は、超音波診断装置を操作して健康な妊婦を「子宮ガン、子宮筋腫」などと診断して1回の手術で140万円前後の報酬を得ていた。手術そのものは、北野の妻で同病院の院長・千賀子ら5人の医師が執刀していたが、左右の卵巣を一度に切除するなど一般の病院では考えられない手術をおこなった。その上、富士見病院は分娩手術以外の手術が2年間で1152件と同規模の他病院と比較しても乱診・乱療であった。この5人の医師は北野の行為を黙認、従っていたことも判明した。この結果、多数の何ら問題の無い健康な女性が二度

と子供が産めない体にされた。

7　高カロリー輸液、ＩＶＨ、ＴＰＮとも呼ばれており、太い鎖骨下静脈や大腿静脈より中心静脈へ高濃度の輸液を投与する。目的に合わせた栄養量の補給のために、糖、アミノ酸、電解質、鉄や亜鉛などの微量元素、ビタミン、時に脂肪を組み合わせて投与することにより、1日に必要なすべての栄養素を長期に渡り補給することが出来る。

参考文献：

大野勇夫著『新・医療福祉論』ミネルヴァ書房・1998

大道久著『第5次医療法改正の論点と今後の展開』第34回日本医療福祉設備学会予稿集・P29・2005

カール・ジャーメイン他著／小島蓉子編訳著『エコロジカル・ソーシャルワーク』学苑社・1992

川渕孝一著『第5次医療法改正のポイントと対応戦略60』日本医療企画出版・2006

真田是編著『戦後日本社会福祉論争』（復刻版）・法律文化社・2005

佐藤豊道著『ジェネラリスト・ソーシャルワーク研究―人間：環境：時間：空間の交互作用―』川島書店・2001

（社）日本医療社会事業協会発行『日本の医療ソーシャルワーク史』2003

杉本照子、中島さつき著『ソーシャルワークの臨床的実践』誠信書房・1978

第３章　保健医療・福祉政策がもたらすＣＶＡ患者の保健医療ソーシャルワークの現状と課題

―ソーシャルワークプロセスの中断化・分断化の視点から―

本章では前章までの先行研究を踏まえ、本章の二節以下で述べる実態調査①・②・③を行うことにより、近年の保健医療・福祉政策の展開が保健医療ソーシャルワークプロセスにどのような変化をもたらし、課題を投げかけたのかを検討する。また、課題解決に向けて現場での個々の取り組みについて、実態を把握することを目的とする。

実態調査の①・②・③は、ＣＶＡ患者の保健医療ソーシャルワークを取り上げる。ＣＶＡ患者の保健医療ソーシャルワークを取り上げる理由は、一点目にＣＶＡ患者は、発症から身体的・心理社会的リハビリテーション医療を経て、身体に一定の障害を残しつつ、新たな地域での生活の主体者として生活の再現の確保というプロセスを経る疾患であること。そしてそのプロセスを経るために、医療を受ける時期において、急性期➡身体的リハビリテーション期➡心理社会的リハビリテーション期とそれぞれ医療機関の異なった機能を必要とし、介護保険制度の導入や医療法の改正の影響を最も受ける疾患であると判断したことにある。

二点目に、筆者が１９８０年代の約10年間、保健医療ソーシャルワーカーとしての実践の対象者として、多くのＣＶＡ患者への保健医療ソーシャルワーク実践に携わっていたことにある。

1．ＣＶＡ患者の保健医療ソーシャルワーク

⑴　ＣＶＡ患者の実態

ＣＶＡとは、「脳血管の器質的あるいは機能的な病的過程によって、脳への血液供給が途絶または減少した結果、全脳または局所的脳神経機能脱落症状を呈する病態をいう。脳の活動にはグルコース（ブドウ糖）と酸素が必要であり、脳自体がこれを蓄えることがほとんどできないため、脳への血流が絶たれて10秒以内に意識が消失し、３～８分以上に及ぶと不可逆的な機能障害をきたす。通常、突発的に発症し、意識障害、高次機能障害、脳神経障害、運動・感覚障害、自律神経障害などの症状を呈する。脳には機能的局在があるため、出現する症状は障害を受けた部位に拠る。経過は、その原因によって特徴があ

り、麻痺が出現しても24時間以内に完全に回復するもの（一過性脳虚血発作）、発症して数分で症状が完成するもの（脳塞栓）、発症後６時間以内に症状が完成するもの（脳内出血）、発症後１～数日かけて徐々に進行するもの（脳血栓症）、突然の激しい頭痛で発症するもの（くも膜下出血）などがある」[1]

　わが国のＣＶＡ患者の内訳は、下記の〈図：９〉に示すように、脳梗塞が78％と最も多く、次いで脳出血15・５％、くも膜下出血が６・５％となっている。

　またＣＶＡは、癌、心疾患に次いで現代の日本の死因の第３位を占めている。ＣＶＡによる死者数は年間約13万人、死亡総数の14％にあたる（２０００年人口動態統計）。患者数は、高血圧、歯疾患、糖尿病に次ぐ第４位（１４７万人、１９９９年厚生労働省患者調査）で、国民医療費では癌に次ぐ第２位

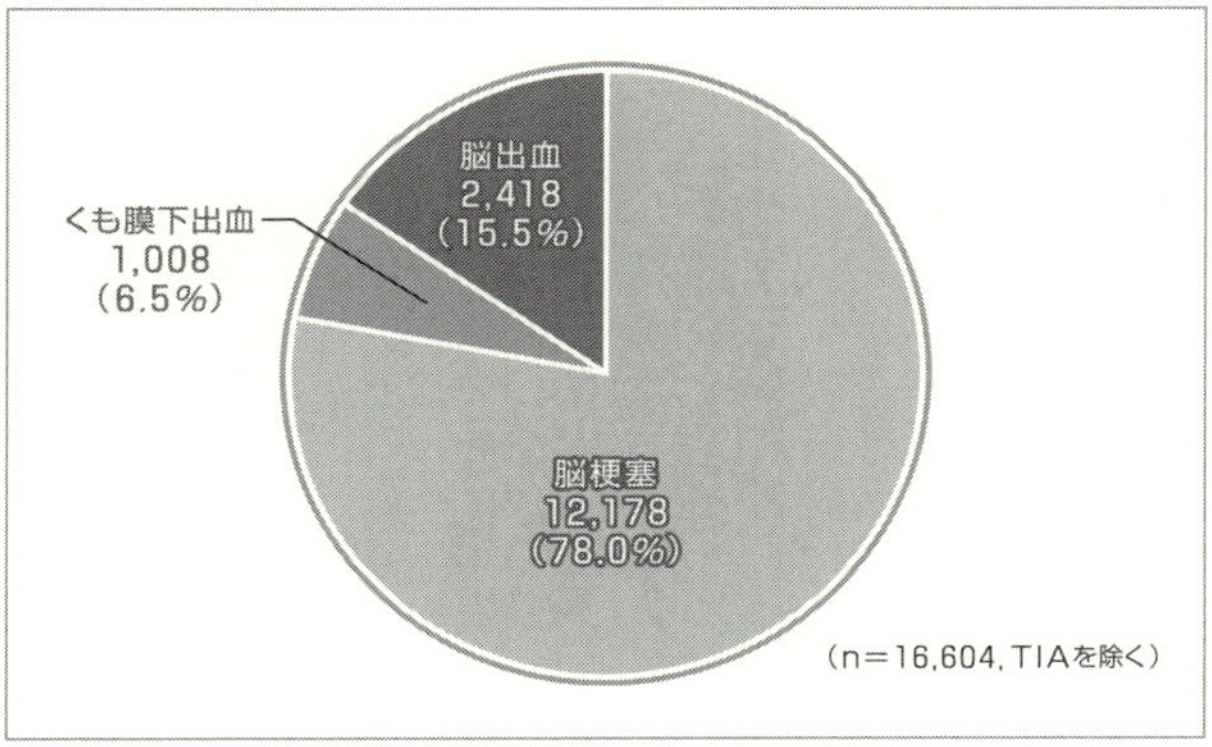

〈図：9〉CVA 確定診断の内訳

引用：「脳卒中データバンク 2005」小林祥泰編集・中山書店・2005・P25

（24兆円中2兆円、１９９９年国民医療費）であるが、65歳以上の高齢者に限ると国民医療費第1位（12兆円中１・６兆円、１９９９年国民医療費）である。

また、ＣＶＡ患者はすべてではないが、何らかの後遺症を持つに至り、最終的にＡＤＬの自立が困難となり、介護を必要とする者が多い。〈図：10〉に示すように、２００４年の国民生活基礎調査に基づくと、要介護の原因となる病気の第1位（25・7％）を占めている。ちなみに、第2位は高齢による衰弱（16・3％）、第3位は骨折・転倒（10・8％）、第4位は認知症（10・7％）、第5位は関節疾患（10・6％）となっている。

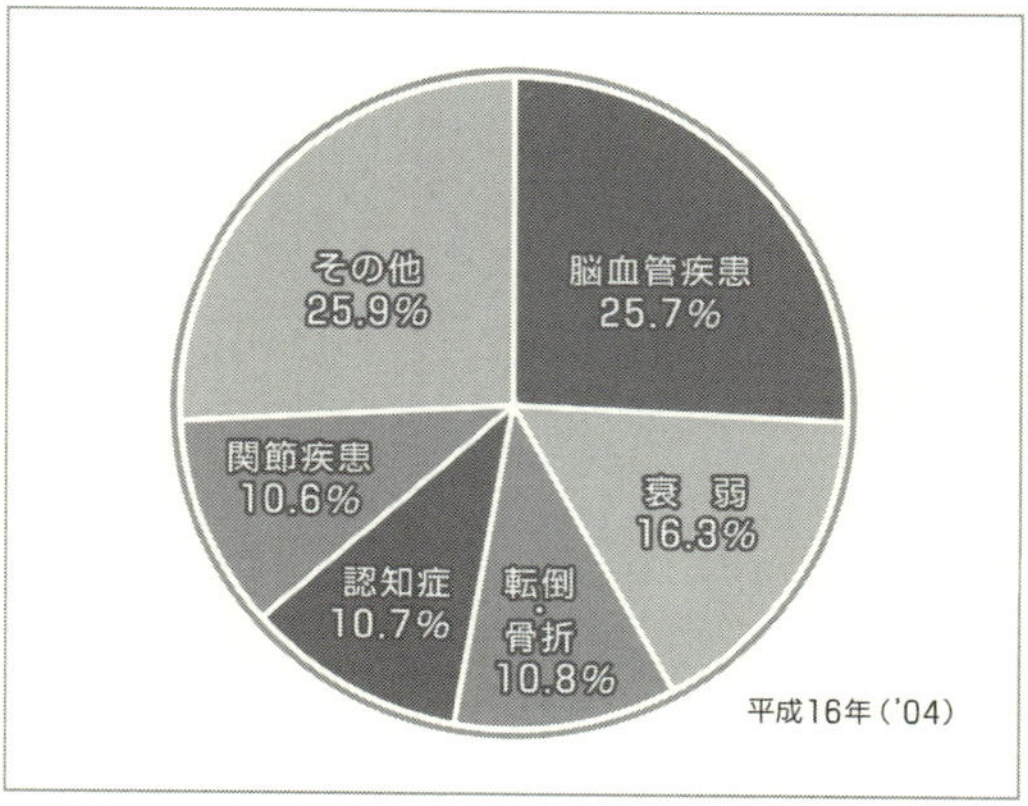

〈図：10〉介護が必要となった原因別疾患

資料：厚生労働省「国民生活基礎調査」

ＣＶＡがこのような疾患であることより、発症後ＣＶＡ患者に対し、速やかな総合的リハビリテーション医療が必要である。総合的リハビリテーションとは言うまでもなく、急性期の生命の保障、その上に立った身体的機能上における機能回復を目指したアプローチから、障害の固定化を見極めた上での日常生活上での障害の軽減に対するアプローチ、そして家庭や職場、学校、地域での生活や活動を行う上での障害の軽減を図るアプローチ、そして何よりクライエント自身とその家族が障害を受容していくアプローチが必要である（小島蓉子　1978・1983）。

これらのアプローチは、医師、看護師、理学療法士、作業療法士、リハビリテーション工学士、臨床心理士、言語聴覚士、そしてMSWのリハビリテーションチームスタッフによる各専門の独自性と共通の価値観と方針のもとでの介入をなしにしては、成り立たないものである。CVA患者はこの総合的リハビリテーション医療のサービスを受ける権利を有しており、わが国においては、公的には医療保険制度と介護保険制度の社会保障を経済的機軸としつつ、様々な問題を抱えつつも一定の医療と福祉サービスを受給することが出来る。

ただ、昨今の医療法改正により、これら総合的リハビリテーション医療を受ける機関は、CVA患者の発症時から社会復帰まで、いくつかの身体的回復時期に応じ、医療機関を乗り継いでいくことが余儀なくされ、日常生活や家庭、職場、学校、地域での生活を行う上でのそれぞれの障害を除去したり、軽減するためにCVA患者＝クライエントの環境調整を行う上で活用すべき様々な社会資源の紹介・活用は、介護保険法の認定を受け、介護支援専門員によるケアマネージメントのもとで行われることとなった。

⑵　介護保険制度下でのケアマネージメント

２００２年4月以降、介護保険制度導入により、高齢者及び一部40歳以上65歳未満の保健・医療・福祉サービスの財源的一元化がはかられ、それらの人々への施設及び在宅介護サービスの適切な提供を目指したサービスメニューの作成の技法として、ケアマネージメントという専門的対人援助の技法が確立し、ケアマネージメントを担う専門家である介護支援専門員の養成が行われた。対象者とその家族が持つ複数の生活ニーズと社会資源とを結びつけ、対象者のＱＯＬを高め、人として尊厳ある生活を地域社会で展開させることを目的とした対人援助の技法は、もともとは１９７０年代後半以降、社会福祉の場でケースマネージメントとして規定されたものであった。

ケースマネージメントという用語は、１９７０年代にまずアメリカにおいて、ソーシャルワークの一環として精神障害者が、地域での生活を獲得するための支援方法として使用され始め、その後イギリスに伝授されたが、イギリスにおいてはケースという用語に抵抗があり、コミュニティ・ケアを進める支援方法であるところから、ケアマネージメントという用語が使われだした（ジョン・オーム、ブライアン・グラストンベリー　１９９５）。

わが国では、１９９４年、在宅介護支援センター実施要綱の改正の際に、公的用語として使用されるようになった。しかし、21世紀の新たな高齢者介護システムの構築を目指して１９９４年2月に提唱された、２０００年の公的介護保険制度の導入のもとでは、その制度のもとでの対象者のニーズと社会資源とを結びつける援助技術の技法としてケースマネージメントではなくケアマネージメントという用語が用いられた。当時は、「ケース＝要援護者」という響きがあり、またわが国の制度がイギリスより紹介されたことから「ケア」を選択したとのことであり、それぞれの用語は同義語として意味、内容を一にしていた（白澤政和　１９９２）。

以上の歴史的経偉から推し量ると、介護保険制度下で介護を必要とする対象者とその家族の主体性を引き出し、尊重しつつ、対象者の複数の生活ニーズと社会資源を結びつけ、対象者の生命、生活、人権の保障をめざすことを目的としたケアマネージメントは社会福祉援助技術の一環であり、それを担う専門職は社会福祉士をはじめとする福祉専門職であると期待されていた。

しかしながら介護を必要とする対象者とその家族の生活ニーズは、福祉的ニーズのみではなく、保健・医療的ニーズが多くを占める状況下において（常時、医療的管理を要する重度の高齢身体障害者の増加や認知症高齢者の増加に伴うことにより）、保健・医療的ニーズの発掘やニーズと社会資源との結び付けに関しては福祉労働者だけではなく、むしろ保健・医療関係の専門職である医師・保健師・看護師・理学療法士・作業療法士・栄養士・薬剤師・歯科医師・歯科衛生士等々があたることも必要であるとの考えより、保健・医療専門職においてもケアマネージメントを担うことが適切であるとの結論に至ったのである。

このことは、ケアマネージメントが単に、一対象者の介護ニーズを保健・医療・福祉サービスに当てはめていくこと、すなわち介護サービスパッケージ作りの技法として捉え、ソーシャルワークの一環として理解されているとは言い難い。すなわち、ケアマネージメントをソーシャルワークの一環として捉えるならば、社会福祉の理念・視点が加味されていなければならないということである。つまり、対象者を家族とのあるいは地域との関係性で捉え、地域社会の中で家族と共に生活を営む生活の主体者であり、ケアマネージメントとは、その対象者あるいは生活、人生を共有している家族の生存・発達権の保障を希求することを目的とした実践活動であるという理解が必要である。この理解の上に立って、対象者あるいはその家族の生活ニーズを発掘し、彼らの主体性を引き出し、できる限り彼らの自己決定権を尊重していく援助のプロセスは、ケースワークのプロセスであり、社会福祉の学問的基盤に立った社会福祉専門職が担うべき実践活動であるはずである。

しかしながら先に述べてきた経緯からして、わが国の介護保険制度下でのケアマネージメントは、本来のソーシャルワークの一つであるケースワークの一環としてケースワークをより効果的なものへと促すための技法としての「ケースマネージメント・ケアマネージメント」から、介護・医療サービスパッケージマネージメントつまり「マネージド・ケア」へと変質をきたしていると言っても過言ではない（近藤克則 2006・2004・2007）。

このようにケアマネージメントという概念はわが国において、2000年4月以降の介護保険制度の導入と共に打ち出されたものであるかのように、一般のあるいは社会福祉分野に携わる専門職以外の人々には認識されているかのようである。しかし、少なくとも社会福祉士をはじめとする社会福祉専門職者の間では、それ以前よりケースマネージメントあるいはケアマネージメントは同一概念で捉えられ、社会福祉の専門技術としてのコンセンサスが得られていた。

社会福祉専門職により実践されてきた専門的援助技術としてのケアマネージメントは、社会福祉の理念に基づき、社会福祉援助技術の原則に基づきながら〈図：11〉に示すように、ソーシャルケースワークプロセスの一環として展開されてきたのであり、対象者及びその家族の生活・人生を見据えた上でのアセスメントの結果、課題分析がなされ、彼らの

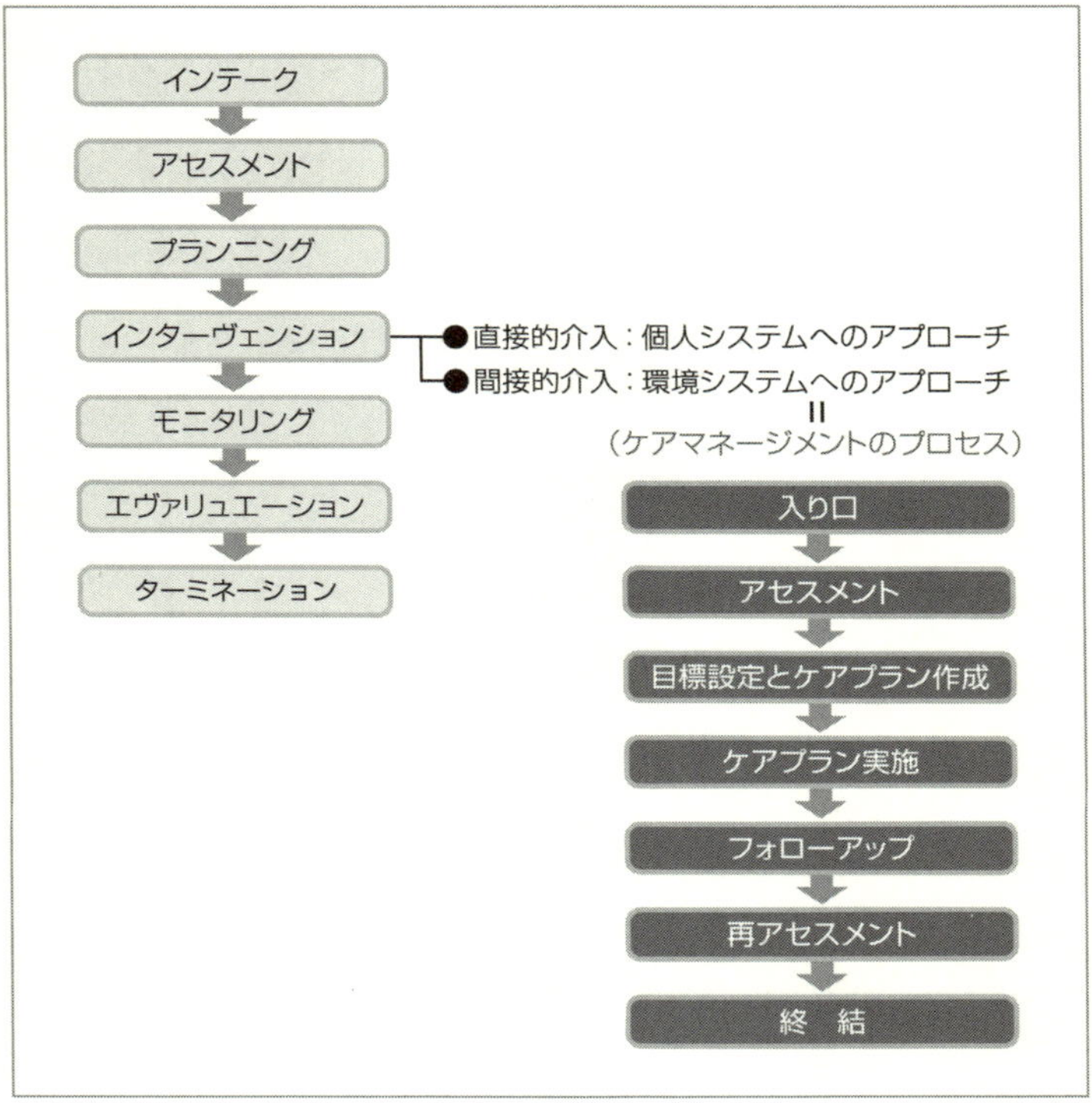

（筆者作成）

〈図：11〉ソーシャルワークプロセスの一環としてのケアマネージメント

生活ニーズと豊富な社会資源の知識から選択した彼らの生活ニーズに合った社会資源を、対象者や家族に情報提供し、彼らの主体的選択のもとにそれらを組み合わせていくという専門的技法であった。

このことを最も顕著に示すことができる社会福祉実践の場としては、一つには保健医療福祉実践の場があった。保健医療福祉実践の場の中でも、特にリハビリテーション医療の場面で、処遇の段階で対象者及びその家族自身の自己発達への援助と平行して、それらを取り巻く環境調整により、問題の改善化を図る中で従来の概念規定に基づいたケアマネージメントが、リハビリテーションソーシャルワークの一環として実践されてきた。時期的には、身体的リハビリテーション後の心理・社会的リハビリテーション時であり、具体的には退院後の生活の場における模索への援助の時期である（澤村誠志　２００５）。

このように医療の場、特にＣＶＡ患者等を対象としたリハビリテーション医療におけるソーシャルワーク場面において援助過程の一環として、すでにケアマネージメントは実践されてきた。ケアマネージメントを本来的概念で捉えるならば、リハビリテーション医療の場でのソーシャルワーク業務の多くの部分をケアマネージメントが占めており、ＭＳＷによる専門的対人援助技術の技法として展開されてきた。

このような観点から言えば、２０００年4月以降の介護保険制度下では、社会福祉の理念や専門的援助技術とは異なったケアマネージメントが展開されてきたと言っても過言ではない。高齢者の社会福祉政策が措置から契約に変わり、介護保険制度のもとで本来のケアマネージメントを展開すべきであったにもかかわらず、ケアマネージメントそのものが変質をきたした。

(3) 介護保険制度導入以前のCVA患者の保健医療ソーシャルワークプロセス

本節では、介護保険導入以前に医療福祉実践の場において、本来のケアマネージメントがMSWの援助プロセスの中で展開されてきた事例を見直すことにより、介護保険のもとで展開されるケアマネージメントの問題点を整理し、課題を提示する。

1　事例の概要
―心理社会的背景について―

氏名：I・U　　年齢：83歳　　性別：男性
病名：脳梗塞　　障害名：右片マヒ（失語症は伴っていない）
家族状況：
（妻）76歳。自然老化による健忘症。性格はとても穏やか。

（長男）42歳。会社員。単身赴任中。A病院とはかなり離れた県に在住。長男の家族は、クライエントと同市町村に在住。クライエントに協力的。仕事の休みの日はよくクライエント宅を訪れる。

（次男）39歳。クライエントの営んでいた自営業（自転車、バイク屋）を継いでいる。クライエントに対して協力的。

（長女）37歳。専業主婦。クライエントと同都道府県に在住。小学生の子供が2人おり、クライエントに対して協力する気持ちはあるが、限界がある。

家族との関係性：永年、夫婦関係は良好。家族全員病後のクライエントを受容している。

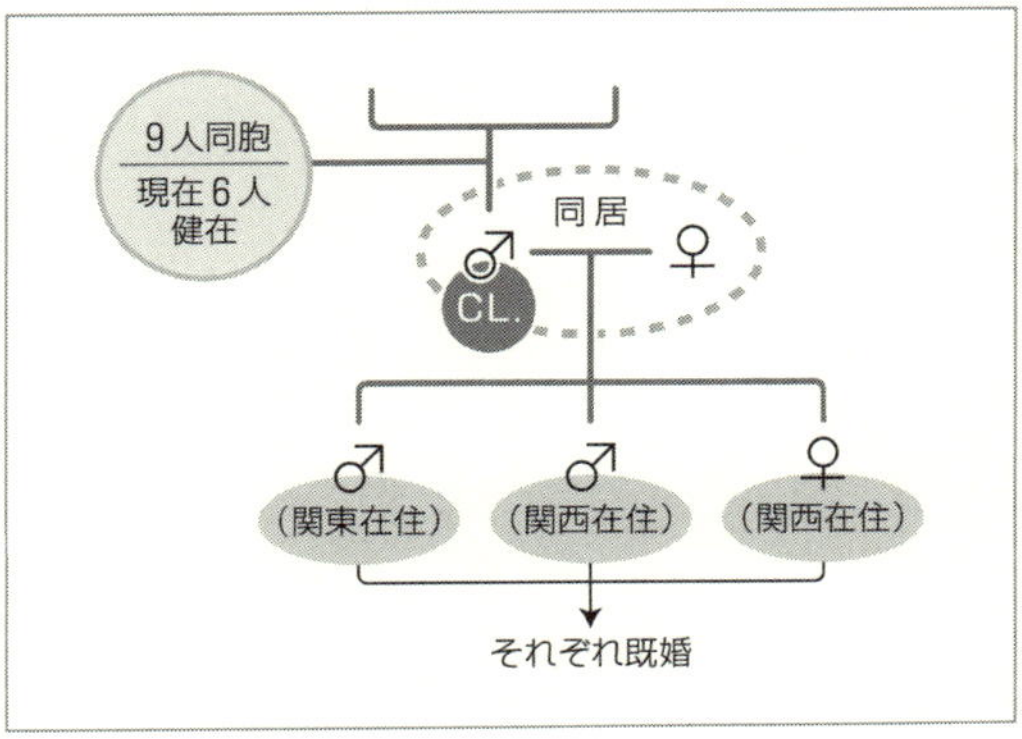

クライエントの性格：病前性格は穏やかであった。病後は認知症を伴い、夜間譫妄《せんもう》、多弁、妻への暴言等、人格変化が見られる。妻への精神的依存度が高い。

経済的状況：国民年金（老齢年金）受給中。ガレージ経営からの収入あり。課税所帯。

クライエントの職業歴：60歳まで自営業を営む（バイクの販売、修理業）。現在は次男が継いでおり、店はクライエントの自宅から二つめのバス停のところにある。

住居の状況：持ち家。一般的な日本家屋。トイレ、浴室も障害者用にはなっていない。

―発症から入院までの経過―

○○○○年○月○○日午後7時30分頃、複視、歩行困難、呂律《ろれつ》困難が出現し、、近隣医を受診した。B病院を紹介され、脳梗塞と診断され、入院となった。1ヶ月間発熱が持続し、寝たきりの状態が続き、精神的に不安定となったため、家族が付き添い、夜間は眠剤投与を受けていた。その後精神的には、定期的に精神科を受診し、身体的には保存的治療がなされ、状態は、落ち着きをみせるも、ADL全介助の状態のため家族のリハビリテーション治療への強い希望があり、発症より約3ヶ月半経過した時点で、リハビリテーションの専門病院であるR病院へ転院となる。

―援助のプロセス―

クライエントの入院時より、A病院のMSWが介入した。妻は高齢であり、妻のみでは今後のクライエントの治療をサポートし、さらには退院後の生活の場を選択していくことは困難と思われたため、出来る限り子供達との連絡をとり、協力度をアセスメントすることも含めて家族関係の調整を図った。幸い本事例は、病前からの家族間の関係性が良好で、それぞれの子供達は自分達の生活の中で可能な限り、クライエントと妻に対して協力を惜しまない姿勢を見せていた。

リハビリテーションスタッフ・カンファレンスにて提供されたクライエントの身体的情報によると、Ａ病院での身体的リハビリテーション終了後のＡＤＬは、移動は車椅子で介助も必要、ベットから車椅子への移動は全介助、更衣・洗面・入浴に関しても全介助、トイレは全介助にてポータブル使用は可能であるが、オムツも平行して使用、食事は一部自立、言語によるコミュニケーションは可能という評価であった。従って、クライエントのリハビリテーションの目的は、介護量をできる限り軽減させることと、社会的リハビリテーション（環境調整、改善）であった。ＭＳＷは上記ゴールに向かって、心理・社会的要因、身体的要因（他の医療スタッフの情報に基づいて）およびそれぞれの相互関係を含んだアセスメントを行い、ソーシャルプランを立て、援助の実践段階へと進めていった。

援助の展開は、クライエントと妻が現実を認識した上で、自ら自分達の今後の生活をどのようにしたいかを少しずつ考えていくことができるように、クライエントと家族の不安な気持ちを受容し共感しつつサポートしていった。子供達は、自分達の出来る限りの協力は惜しまない姿勢を見せつつも、退院後のクライエントの生活の場としては、家庭への復帰には多くの不安材料を見出し、施設入所か長期療養型病床群の病院を希望し、MSWの紹介によりそれらの見学を妻も同行のうえで行った。MSWはその一方で、在宅生活を選択した場合の地域福祉サービスの現状や活用についての説明を、妻や子供達に行った。

このようなプロセスを踏む中で、クライエントは家庭への復帰を少し訴えるようになり、子供達の間では具体的な協力体制が組まれ始めてきた。その中で妻が、「どうしても、どこまでできるかわからないが、まずは家庭復帰をさせたい」と意思を強く主張し始めた。この主張は、今まで一度も自分の意思を主張し、問題解決に主体的に取り組んだことのなかった妻であったので、家族にとって良い意味での大きなショックとなった。これをきっかけに、「とにかく家庭復帰への準備を始めてみよう」というコンセンサスが家族内で得られた。

そしてここからのMSWの援助は、クライエントと妻の生存・生活権保障の上に立ったその人らしい人生の統合を果たし得る生活の場と、生活そのものの確保をめざした在宅生活を確保するための環境改善、調整を中心としたものとなった。つまり、ケアマネージメントの実施であり、その際のアセスメントの視点は身体的情報を獲得した上での心理・社会的背景を把握し、それらの相関関係の調整であった。その具体的援助としてのケアプラン作成のもとに以下の援助プロセスを展開していった。

ＭＳＷは院内スタッフに対して家族へ在宅生活を仮定した介護指導、機能維持訓練をすることを依頼し、一方では、社会資源の活用により、身体障害者手帳取得、車椅子の支給申請、日常生活用具の給付申請，保健所保健師の訪問依頼、ホームヘルパーの申請などを行った。また、クライエントとの同地域内の老健施設の給食サービス（妻の分も含めた昼、夕）の活用、開業医の往診依頼、そこよりの訪問看護師の訪問依頼（投薬確認、浣腸、清拭）、特別養護老人ホームでの入浴サービスを中心としたデイサービス（妻も含む）の依頼を行った。そして、家庭内での１週間の支援プログラムを家族も交えた家庭内介護表を作成し、公的サービスの網の目を埋める形で、家族の介護の役割分担をあてはめた。さらに、近隣の人々への声かけも依頼した。

このようなプロセスを経て、クライエントは４ヶ月の入院生活の後、家庭復帰を果たし、モニタリングを定期的に行い、ケアプランの微調整は行うものの、長期に亘る在宅生活の継続を果たすことが出来た。

２　考察

以上の事例より、リハビリテーション医療における保健医療ソーシャルワークにおいては、援助の実施段階であるトリートメントの段階の環境調整・改善をめざした間接処遇の手段として、ケアマネジメントの技法が活用されており、対象者および家族の生存・生活権の保障を担ってきたと言える。また、医療ソーシャルワーカーによる医療ソーシャルワークの一環として行われてきたケアマネジメントは、事例からも明らかなように、以下に示すようなソーシャルワークの専門性が内包されていた。

①ケアプラン作成の際のアセスメントの視点

上記の事例において、アセスメントの視点をクライエントの身体的な状態や、妻の年齢、妻の身体的状態に視点を置いたなら、家庭復帰というゴールセッティングは困難であったであろう。おそらく施設入所や長期療養型病床群の病院への転院という方向付けに至ったと思われる。本事例において、困難であるにもかかわらず家庭復帰が可能となった理由を考察すると、クライエントのこれまでの生活歴を評価し、クライエントを社会の中での関係性、家族の中の関係性において生活を営む主体者として捉え、クライエントにとって、家族にとって、今後のクライエントと家族の生活がどのようであれば、彼らの生存・生活権が保障されたものとなるかという視点に立ったアセスメントを行った結果と考える。ケアマネージメントのプロセスの一段階であるケアプラン作成のアセスメントの際に諸要因の全体的関連性を見透していく視点は、ソーシャルワーカーとしての専門的な視点であり、ソーシャルワークの専門性である。

②クライエントあるいは家族の主体性を引き出す際のストレングスの視点とエンパワーメント

上記事例からも明らかなように、クライエントの家族は、医療機関からの退院を促され行き場のない状態に戸惑うばかりの時期を過ごしていたが、ソーシャルワーカーの介入があることにより、「共に今直面している問題に取り組んでみましょう」という、クライエントや家族に対するストレングスの視点の下での働きかけがまず第一にあったのである。その上に立って、クライエントや家族の生活歴の中から彼らの問題解決能力や問題解決方法をアセスメントし、彼らが自らの問題の現実認識を行い受け入れるべく援助し、そして自らが問題解決の主体者となるよう援助していく、つまり、「エンパワーメントを促進する援助」もまた重要でありソーシャルワークの専門性がここにあったわけである。

③コーディネートとネットワーク

以上の事例の具体的環境調整の段階において、院内スタッフに対しては対象者のソーシャルバックグラウンドを充分に情報提供することによって、具体的な家庭復帰を想定した上で介護技術指導を家族へ行う協力を求め、院外においては対象者の生活ニーズを評価し社会資源を当てはめていく作業は、共にコーディネーターの役割を担っていると言える。

これは、リハビリテーション医療の場での保健医療ソーシャルワークの専門的役割と言える。また、以上のようなケースの積み重ねにより、地域で共通の社会福祉課題に対する支援システムのネットワーク化が進められていくことにもなる。そのネットワークの中にあってもまた、ソーシャルワーカーはコーディネーター的役割を担い、ネットワークをより充実したものへと展開させていくのである。

これまでに述べてきたように、ケアマネージメントという技法は、本来はソーシャルワークの一環としてソーシャルワーク実践の中で位置付けられてきたにもかかわらず、介護保険制度導入に伴い、身体的ケアを中心としたニーズと社会資源を枠の中で組み合わせるパッケージ作りの技法として、あたかも医療保険にみられるレセプト請求のごとく、本来的意味の「ケースマネージメント」から介護保険制度のもとで、身体的介護ニーズと社会資源を機械的に結びつける技法へと変質してしまったと言っても過言ではない。

社会福祉基礎構造改革の具現化の一つとしての介護保険制度のもとで、21世紀の高齢者と40歳以上の障害者の、またその家族の介護保障を担う一専門的援助者である介護支援専門員は、それら対象者の生存・生活権保障を追求することを基本的理念とし、対象者の固有の生活ニーズをアセスメントする能力を持ち合わせ、社会資源の開発への活動を伴いながら、主体的自己決定に基づいたケアプラン作りを援助していく専門家としてあるべきである。かつての医療保険制度が運用上の問題から、患者や家族の人権を無視したサービス提供を繰り返すに至ったと同様の不安材料を、今、介護保険制度も多くかかえているという見方もできる。つまり、かつての一部の医療機関が患者や家族のＱＯＬよりも経営上の利点を優先させ、必要以上の投薬や治療を行い、延命治療を繰り返してきた現実を目の当たりにして、介護保険制度もまた、運用次第で対象者や家族の生存・生活権保障とは程遠い、サービス提供者側の都合のよいサービスを提供していく可能性を充分に秘めている。

このような動向の中で、ケアマネージメントはその運用の中核となるべきであり、介護支援専門員はまさにそれを一手に引き受ける役割と特権を与えられていると言える。介護保険制度のもとでは、ＣＶＡ患者の保健医療ソーシャルワークプロセスのインターヴェンションの段階で、ＭＳＷから居宅介護支援事業所の介護支援専門員へ保健医療ソーシャルワークのバトンタッチを行っていくことが必要となった。従って、保健医療ソーシャルワークプロセスの真のバトンタッチを可能にするためには、介護支援専門員がソーシャルワークの専門性を持ち合わせることが必須となる。

2．介護保険制度導入後のCVA患者の保健医療ソーシャルワークプロセスの現状と課題　―調査①―

(1)　調査の背景と目的

２０００年4月1日、介護保険がわが国でスタートしたが、その半年前（介護保険認定作業開始時）より、保健医療ソーシャルワーク業務の著しい変化が表れた。特にリハビリテーション部門で顕著であった。著しい変化がリハビリテーション部門でみられた理由の一つは、リハビリテーション部門での対象者がCVAによって身体障害や認知症を人生の途上において被ることに至る者であることが多く、これらの人々は、介護保険の対象者であることがあげられる。

もう一つの理由は、リハビリテーション部門で展開されるソーシャルワークは、急性期においては治療に専念できうる環境調整と障害受容に関わる援助であり、慢性期においては心理・社会的リハビリテーションであるため、介護保険施行以前においては、ケアマネージメントの技法を駆使して退院後の生存・生活権を保障することが、業務の中心的位置付けにあったからである。この場で行われていたケアマネージメントは、ケースマネージメントとして１９８０年代初めに欧米から導入されたソーシャルワークの関連技術であり、対象者や家族の生存権・生活権を守る視点からアセスメントされた保健医療・福祉ニーズを充足させるという基本的理念のもとに実践されていた。

しかしながら、介護保険制度のもとではその制度のしくみ上、介護ニーズを充たすための審査を通して決定された一定の給付額にもとづいた、マネージメントが要求される。しかも介護保険法にもとづく指定居宅介護支援事業所の介護支援専門員でなければ、ケアマネージメントは担当できない。このことは、ＭＳＷが介護支援専門員の資格を取得したとしても、そのＭＳＷが所属する機関が居宅介護支援事業所を併設していない場合は、ケアマネージメントを他者に委ねるしかないということを意味している。つまり、保健医療ソーシャルワークのプロセスが「完結されず、中断される」ということを意味した。

また生存・生活権保障にもとづいたケアマネージメントの実践ではなく、介護ニーズを充足するためのケアマネージメントの実践になっている理由として、アセスメントが身体的状況の把握が中心となっており、心理・社会的状況については不充分であることがあげられる。このことは、アセスメントシートが身体的な項目が中心であり、介護支援専門員の基礎資格として保健医療の資格を有する者が75％を占めていることにも関係する。

ケアマネージメントは本来のソーシャルワークの一環であるが、「ケース」という言葉は要支援者のイメージが強いため、「ケア」の方が好ましいという理由でわが国の介護保険制度のもとではケアマネージメントという言い回しとなっており、ソーシャルワークの専門性をあいまいにさせていった。

本調査はこのような背景の下で、介護保険制度導入以降にＣＶＡ患者への保健医療ソーシャルワークがどのように変化し、実践現場において保健医療ソーシャルワークのあり方に如何なる課題が投げかけられているかを明らかにするものである。

(2) 調査の対象および方法

1　調査期間

２００１年8月1日から8月31日

2　調査対象

介護保険施行後1年４ヶ月経過した２００１年8月の時点での、異なった４タイプの医療機関のＭＳＷ７名

3　調査方法

介護保険施行以降、ＣＶＡ患者に対する保健医療ソーシャルワーク業務が具体的にどのように変質したのか、また組織内あるいは地域におけるＭＳＷの役割の変化、具体的な対象者への援助のあり方の変化を中心に自由質問形式での面接調査を行い、要約的内

容分析方法に基づいて検討を行った（高橋都、会田薫子　２００７／能智正博、川野健治編著　２００７）。

(3)　調査結果の分析

まず、４医療機関の特徴について示す。

―４医療機関の特徴について―

①R病院：主にCVA患者を対象とするリハビリテーション専門病院（都市部にある公的医療機関）で、高齢者のCVA後のリハビリテーションを専門とした公的医療機関である。MSWが1名配置されており、対象者は多くが介護保険の対象者である。本医療機関内には、居宅介護支援事業所や、介護保険に基づく保健医療・福祉サービスは設置されていない。

②B病院：急性期からリハビリテーション、在宅医療に至る包括医療をめざした都市部の民間総合病院である。１００床と５５０床のベット数を持つ2病院からなる民間総合病院（このうち2病院合わせて長期療養型病床群は１１３床）で、病院の内・外部に地域医療部門を併設している。MSWは5名配属されており、このうち1名はもとMSWで、介護保険施行後はケアマネージャーおよび地域医療部門の責任者として配

属されている。

③T病院：農村部にある民間病院で精神科も有する総合病院。老人保健施設も併設している。376床からなる精神科を含む一般病院と老健施設、痴呆性老人疾患センター、居宅介護支援センター、訪問看護ステーションを併設する医療機関。農村部にあり、MSWは7名配属されている。町の唯一の病院で、地域保健医療・福祉の中核的役割を果たしている。本病院のMSWはすべて医療相談室に所属しており、7名すべてが社会福祉士・精神保健福祉士・介護支援専門員の3資格を有している。

④H病院：都市部にある200床の総合病院である。地域住民の自主的組織（会員3000名）の協力のもと、1診療所から始まったが、

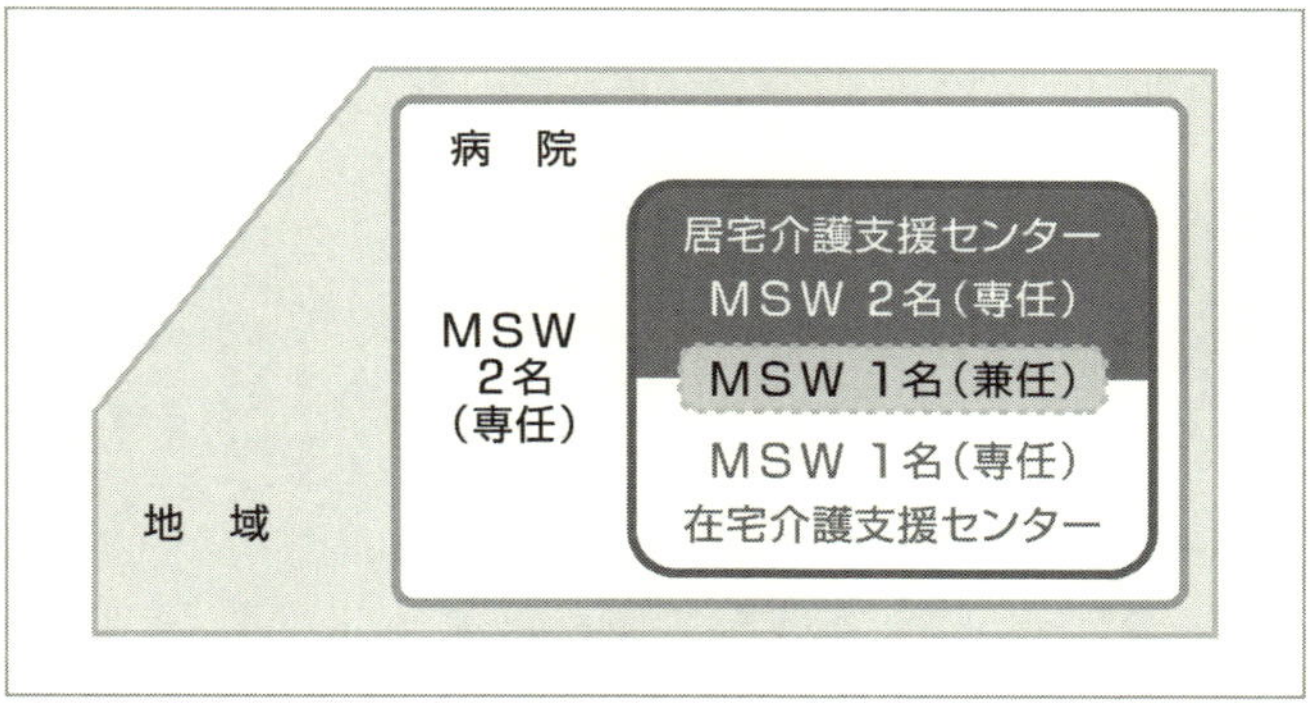

（筆者作成）

〈図：12〉 H病院の介護保健施行ごの業務について

今では200床の総合病院と3診療所、在宅介護支援センター、居宅介護支援事業所、2訪問看護ステーションを有する医療機関となっている。〈図：12〉に示すようにMSWは6名配属されている。介護保険施行後は、病院専任MSW2名、居宅介護支援センター専任MSW2名、在宅介護支援センター専任MSW1名、在宅介護支援センターと居宅介護支援事業所の兼任MSW 1名という配置に固定されている。

―介護保険導入後のCVA患者へのMSW業務の変化と対象者への影響について―

①R病院について

◇業務の変化：

＊入院相談が多くなった（地域のスタッフによって、在宅のケースのうちで入院リハが必要とされるにもかかわらず、行われていなかったケースの発掘が行われ出したことによる）→本医療機関への入院も含めた交通整理が多くなった。

＊リハビリテーション自体が機能形態別障害へのアプローチ、あるいは日常生活における障害に対するアプローチまでで中断され、社会的リハビリテーションが行われなくなった。そのことにより、〈図：13〉に示すようにリハビリテーション場面においてソーシャルワークの中断という現象が起きている。

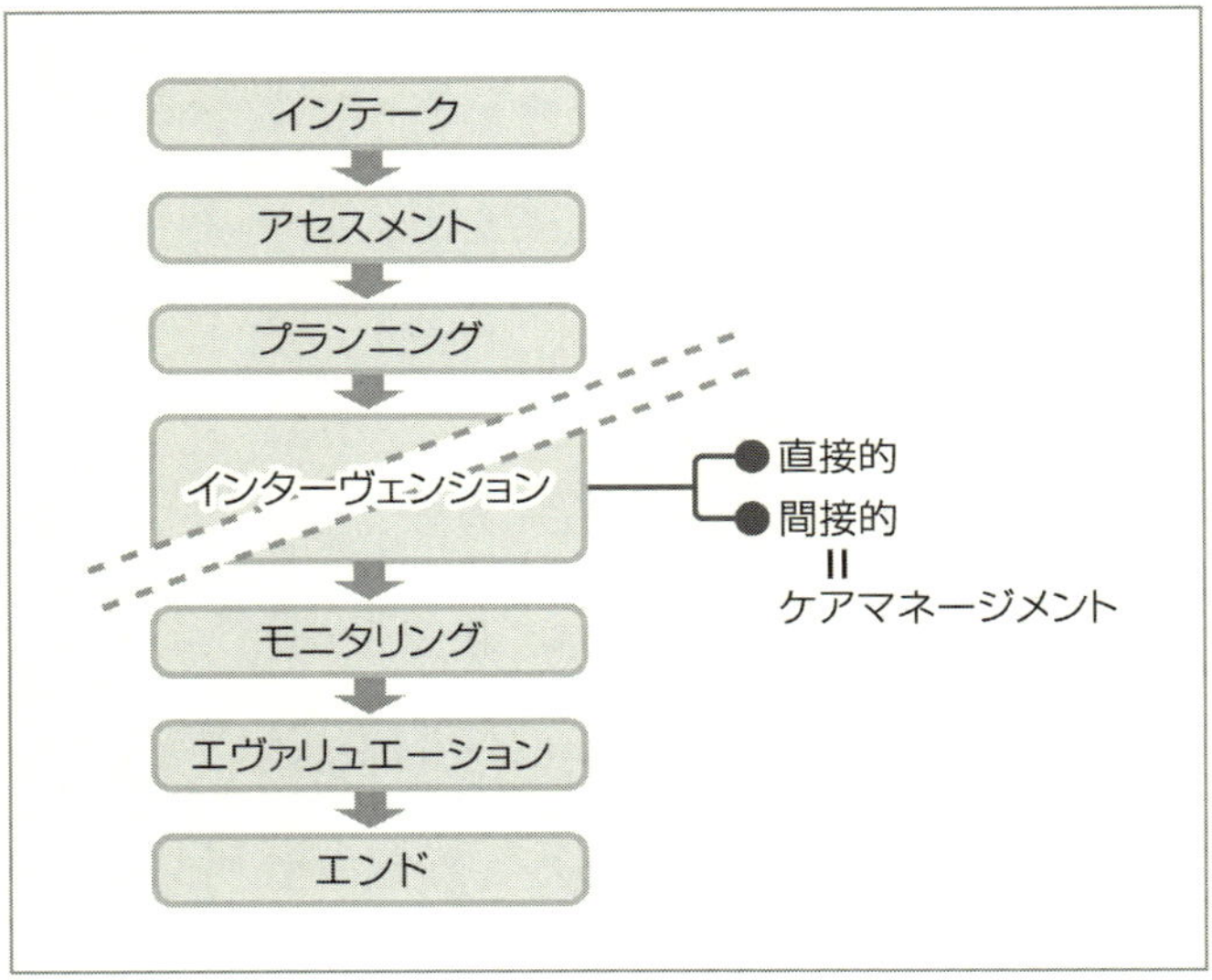

（筆者作成）

〈図：13〉医療ソーシャルワークプロセスの中断化

＊介護保険以前のＭＳＷ業務は、ケアマネージメントが中心であったが、介護保険以後は、介護保険制度に対する対象者の理解を助けた上で申請するための援助、居宅介護支援事業所への橋渡し、退院後、在宅生活が明らかに困難な対象者への特養・老健施設・長期療養型病床群に関する情報提供、また在宅介護支援事業所に対する対象者の不安や経済的訴えに対するサポート等が業務の多くを占めるようになった。

◇対象者への影響：

＊精神的不安がみられる。介護保険施行以前には、ソーシャルワークの初期の段階では家族が居宅介護を拒否していても、環境調整の段階では家庭復帰への可能性が見られるケースも多くあった。しかし介護保険施行後は、可能性を対象者や家族と探る以前に中断される。このことにより、簡単に長期療養型病床群へ転院するケースが増えた。このことは、対象者の主体性を引き出す援助、生存権保障がなされていないことを意味する。

②Ｂ病院について

◇業務内容の変化：

ＭＳＷの中での役割分担のようなものが出来てきた。↓１名の対象者のソーシャルワークプロセスを５名のＭＳＷから本医療機関の居宅介護支援事業所ケアマネージャーに途中で変更する（ケアマネージャーは、元ＭＳＷ１名の他に看護師2名、介護福祉士1名が配属されている）。ここでも、１名のＭＳＷによる１名の対象者に対するソーシャルワークプロセスの中断が起こっている。ただ、この医療機関の場合は、同機関内で援助者の変更がなされるため、情報交換がスムーズに行えており、対象者の不安もあまり見られない。〈図：14〉のような同機関内での対象者のキャッチボールが行われている。

＊地域でのフォローアップはケアマネージャーが行い、対象者が入院加療の必要な状況に至ったときは、ＭＳＷに担当者を変更する。

＊対象者へのサービス提供が内包化する傾向がでてきた。

＊本院以外の居宅介護支援センターへの橋渡し

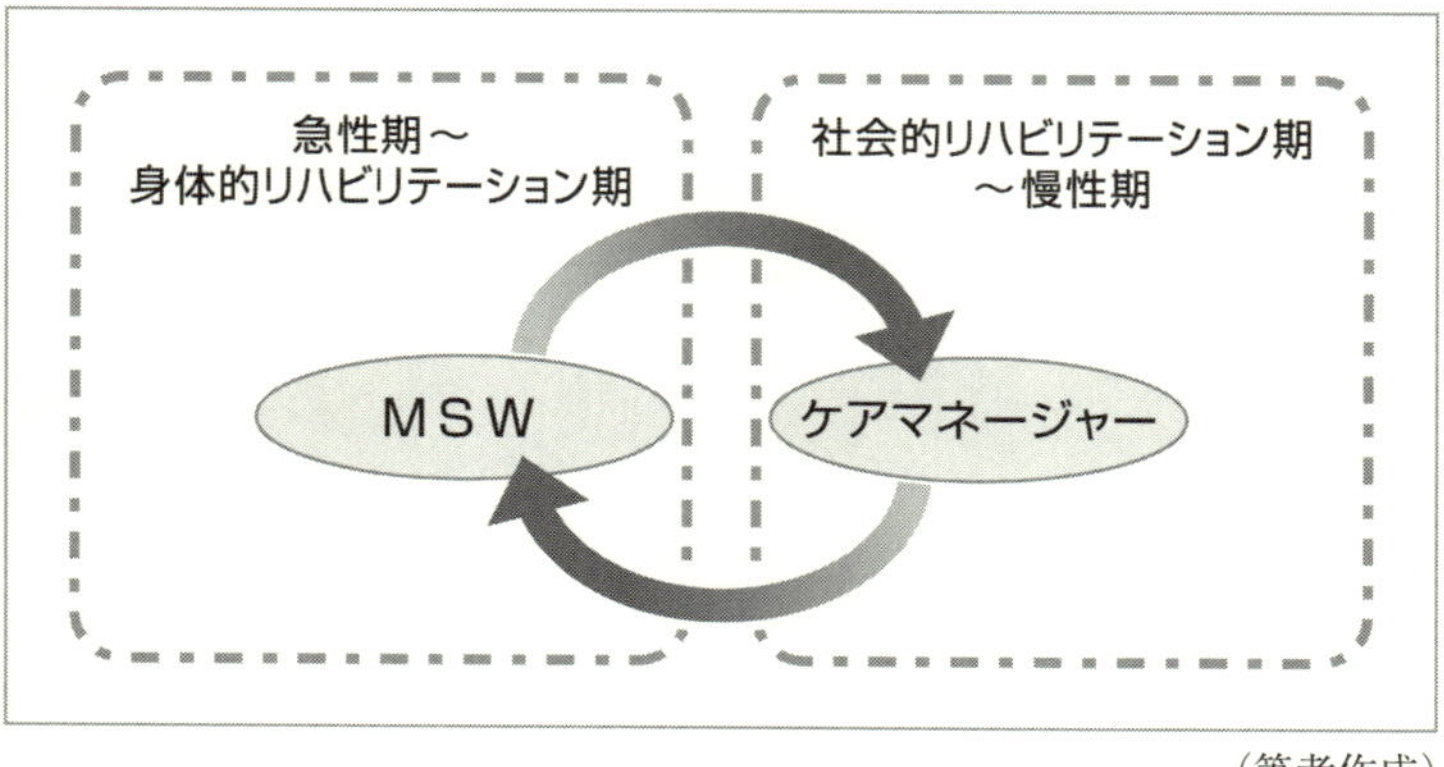

（筆者作成）

〈図：14〉 B病院における介護保険施行後の業務について

が必要な対象者については、適切なセンターへの橋渡しと情報提供に時間を費やす。スムーズな橋渡しはまだまだ困難である。

◇対象者への影響：

＊さほど混乱した様子は見られない。

③Ｔ病院について

◇業務内容の変化：

＊Ｔ病院に併設されている病院・在宅介護支援センター・居宅介護支援センター・痴呆性老人疾患センターをすべてのＭＳＷが一定の期間ごとに移動するといった勤務体制を組むことになった。

＊ケース担当の主たる責任者は明らかにするも、すべてのＭＳＷがすべての対象者を把握し、所属している機関内での専門性で対象者に対応することとなった。すべての機関での業務は医療ソーシャルワークであるという視点に立ち、ＭＳＷが責任を持って担うという体制作りを行った。そのため、ＭＳＷの労働量はピークに達している。

◇対象者への影響：

＊さほど混乱した様子は見られない。

④Ｈ病院について

◇業務内容の変化：

＊病院専属ＭＳＷは、同機関内の居宅介護支援事業所への橋渡しをする場合には、十分な情報提供ができ、その後の関わりも可能であるが、同機関以外の事業所へ送致されたケースについては、情報交換が十分にはできず、対象者の不安も強くソーシャルワークの中断が起こっている。

＊居宅介護支援事業所専属ＭＳＷは、ケアプラン作成に時間が奪われて、マネージドケアに終始している。

◇対象者への影響：

本機関内での担当者の変更に対する不安も若干見られるが、他の事業所への橋渡しをせざるを得ないケースについては、対象者は多くの不安を訴える。

以上の結果について〈表：３〉にて整理を行った。

〈表：3〉

介護保険導入後のCVA患者への
MSW 業務の変化と対象者への影響について

	業務内容の変化	対象者への影響
R病院	・入院相談件数の増加 ・インターヴェンションの段階でのソーシャルワークの中断化 ・居宅介護支援事業所への橋渡し、それに伴う対象者の不安へのサポート	・環境調整に基づく家庭復帰の減少と療養型病床群への転院の増加 ・対象者および家族の不安が見られる
B病院	・同医療機関内でのMSWから介護支援専門員へのバトンタッチ ・対象者へのサービスの内包化 ・他機関の介護支援専門員へのバトンタッチがスムーズでない	・大きな混乱の様子はうかがえない
T病院	・MSWがすべての対象者を把握する体制作りを行うことにより、MSWの労働量がピークに達した	・大きな混乱の様子はうかがえない
H病院	・同医療機関以外の介護支援専門員へのバトンタッチの際の対象者の情報提供が不足し、ソーシャルワークプロセスの中断化 ・同機関内の介護支援専門員は、ケアプラン作成のみに追われる	・他の居宅介護支援事業所への橋渡しの必要な対象者は多くの不安を訴える

（筆者作成）

(4) 考察

以上の調査結果より、居宅介護支援事業所を併設している医療機関とそれ以外の医療機関に所属するMSWとでは、介護保険制度施行以降、医療ソーシャルワーク業務の変質のあり方が異なってきていることが明確となった。

前者においては、保健医療ソーシャルワーク業務からケアマネージジメントを切り離し、ケアマネージジメントのみを担当するワーカーを配置するというシステムをとっている医療機関と、すべてのMSWが介護支援専門員の資格を有し、従来どおりのソーシャルワークの展開を保てている医療機関があり、そのことにより対象者への影響も異なることが明らかとなった。後者においては退院援助が中心となる時期になると、居宅介護支援事業所への橋渡しを行うため、ソーシャルワークの中断が起こっている。

しかし一方では、そのような現状の中でも、できる限り対象者や家族が不利益を被らないようにしたいという配慮から、各々の医療機関において様々の工夫や努力がうかがえた。つまり、新しい保健医療ソーシャルワーク業務の確立を模索しつつある姿がうかがえた。

介護保険制度は、CVAをはじめとする疾病や事故などを被った患者が、急性期からリハビリテーション医療を経て、社会復帰をめざす際の心理・社会的問題の解決への援助であるこれまでの保健医療ソーシャルワークプロセスに中断化という現象をもたらした。そしてそのことは、対象者が真に障害を受容し、主体的に自己の新たな人生を模索しつつ、適切に保健医療・福祉のサービスを活用しながら、地域社会において自己実現を図っていく上での専門的援助が中断したことを意味する。

保健医療ソーシャルワークプロセスの中断化を防ぎ、連続性を持たせていくために、ＭＳＷから介護支援専門員への的確な連携が必要である。しかし、第1回介護支援専門員試験の結果は約75％が社会福祉の専門性を有していない保健医療専門職であるため、スムーズな連携が必ずしも行われていない。そして、多くの対象者の場合に対象者が地域でのその人らしい尊厳ある人生の展開を獲得するための援助がなされておらず、対象者の生存・生活権保障が守られていない。

このことへの解決方法としては、対象者の生存・生活権保障を目指した援助への共通の価値観を持ったＭＳＷと介護支援専門員との間の的確な連携が行われなければならない。そのためには、介護支援専門員の養成における改善が必要である。現在の介護支援専門員の養成は、全国の各都道府県及びその各団体が厚生省の委託を受けて行っており、介護支援専門員の実務研修のカリキュラムは「１９９８年10月30日厚生省老人保健福祉局長、老発第７０７号の介護支援専門員実務研修（以下「実務研修」という。）の実務方法等について」の通知に基づき行われている。通知では、

1．実務研修の実施方法

2．実務研修実施上の注意点

が述べられている。

1および2の内容をまとめると、実務研修の基本的な考え方として、「介護支援専門員の主たる業務を要介護認定及び要支援認定に係わる介護サービス調査（以下『訪問調査』という。）及び介護サービス計画の作成（以下『介護支援サービス』という。）とし、そのために要介護認定、要支援認定の基本的考え方及び訪問調査の方法を習得させる」とある。しかし、実際のカリキュラムを見ると、基本的考え方の習得に対する配慮は見られず、訪問調査の方法が中心とされているように見える。また、介護サービス計画の作成については、「その後自ら研鑽できるよう課題分析・介護サービス計画原案の作成手法の基礎を習得させる」となっているが、これについても課題分析の視点の訓練プログラムが組み込まれておらず、サービス計画原案の作成手法の訓練については多くの時間が費やされている。このことは、社会福祉援助技術の一環としてのケアマネージメントの課題分析の視点、すなわち生活・人生を家族と共に地域社会の中で営んでいる対象者が抱える個別の生活障害を分析していく視点を獲得していくための訓練が抜けており、単に、マニュアル化されたサービス計画案を作成する小手先の技法のみが訓練されるきらいがあると思われる。

また、実務の主たる内容として、「介護支援専門員として必要な専門的知識および技術を習得させること」を目的として、

ア．要介護認定及び要支援認定に関する専門的知識及び技術習得。

イ．居宅サービス計画及び施設サービス計画に関する専門的知識および技術を習得。

とあるが、専門的知識及び技術が何かについての定義づけがなされておらず、実務研修の中にもそれを明確にし、習得させるためのプログラムを見つけることはできない。イ．における専門的知識とはおそらく、対象者の生活ニーズに組み合わせる居宅・施設を支える武器となる「社会資源に対する知識」であり、技術とは対象者の生活ニーズを捉えたうえで豊富な社会資源の知識の中から適切な社会資源を組み合わせていく作業であると考えられた。しかしながら、ここにおいても豊富な社会資源の知識を得ることはもちろんのこと、最低限の社会資源の知識の確保さえ困難な状況である。

さらに実務研修内容の具体的過程等についてみると、要介護認定基準及び訪問調査手法、課題分析・介護サービス計画作成手法を獲得するための過程を七段階に分けて設定されている。しかし介護支援専門員として、対象者および在宅対象者においてはその家族の生存権・発達権を保障するという理念を獲得し、その理念を具体的に対象者及びその家族に要介護認定・生活障害という視点に立っての課題分析に基づいた介護サービス計画の作成を

届ける専門性を養成すべき段階が、現実の養成においては、ほとんど配慮されていない。ここでもまた小手先の要介護認定・介護サービス計画の手法のみの訓練にとどまっていると考えられる。

理念を獲得するためには「社会福祉原理」を、要介護認定・介護サービス計画を作成するには、対象者及びその家族の生存・生活権保障の意味において「ソーシャルワーク」を最低限カリキュラムに組み入れていくべきであると考える。

以上のような問題意識のもとで、介護支援専門員の試験をパスし、実務研修を受けた人々の生の声として、２０００年10月に終えた数名の介護支援専門員の実務研修終了者である社会福祉職と保健・医療職（医師、看護師、助産師）のへの聞き取り調査を試みたので紹介する。

＊介護支援専門員取得の動機付けについての質問に対する回答

社会福祉専門職：「現在、在宅介護支援センターのソーシャルワーカーなので，施設運営上においても、また自分自身のためにも現在のポストを維持するために資格取得せざるを得なかったから」

医師：「介護保険制度導入後の病院経営上の問題から」

看護師：「医師の指示なしで行える初めての独占業務がおとずれたと思ったので。自身の責任のもとで行える仕事ができると思った。看護計画作成に慣れているので、それを介護に引用すればよいだろうと考えた」

＊介護支援専門員試験の受験勉強や実務研修を経験した感想について

社会福祉専門職：「保健・医療に関する知識の獲得は不充分で，社会福祉の知識に関してもあらためて学習するものではなかった。ケアプラン作成の技法を獲得するための訓練が非常に簡単に行われたにすぎない。このような状態で実際にケアマネージメントを担っていくことができるのか、は非常に不安である」

医師：「ケアプラン作成については出来る限り時間やエネルギーを省略し、件数をあげることを今後の課題としたい。ケアプランの作成は、医師の本来業務ではない。シミュレーションを行ってみて、一事例をこなすのに多くの時間を費やした。訓練を重ねると一事例に費やす時間の短縮は可能と思うが、たとえ時間が短縮されたとしてもケアプラン作成に時間を費やしていると、医師の本来業務がおろそかになる」

看護師：「対象者を全体的に捉えるということがとても難しかった。身体的な部分に多くの視点が働き、身体的ニーズの評価に基づく調整につい集中してしまった。ケアプランを看護計画の延長のように安易に考えていたが、別の専門的視点を持ってアセスメントしなければならないことに気づいた。現在は高度な治療医学を中心とした医療機関勤務なので、資格を取得したもののすぐには役に立たない」

助産師：「誰でも合格できるような試験・技法のみ訓練させられる実務研修に、対象者の生活や人権を守るケアプラン作成を自分たちが担っていくことができるかどうか不安である」

これらの聞き取り調査からは、視点には大きな違いはあるが、それぞれに困惑をきたしていることが分かる。このように介護支援専門員が困惑をきたしたままケアマネージメントを展開している現実がうかがえる。

以上から、介護支援専門員のカリキュラムにおける問題点を整理する。

①心理・社会的アセスメントの視点を獲得する訓練プログラムが用意されていない。

②主体性を引き出しつつ、対象者及び家族の選択のもとに、対象者が抱える個別の生活に基づいた保健・医療・福祉サービスを組み合わせていく援助技術の訓練を目的としたプログラムが用意されていない。

③制度・機関・施設・それらによるサービスをはじめ、各種専門家の専門性・役割、またボランティア等社会資源の内容や活用方法についての知識を獲得するためのプログラムが用意されていない。このことは、社会福祉専門職をも含めて言えることである。なぜ

なら、たとえ社会福祉専門職であっても、それぞれのスペシフィックな分野においては、その分野における社会資源の知識は豊富であるが、他分野においての社会資源の知識については豊富とは言えないからである。

④高齢者および障害者の保健・医療に関する基本的知識を習得するためのカリキュラムが組まれていない（これは社会福祉専門職にとってのみ必要であると思われた）。

これらの課題が、介護保険法施行当初際立っていたが、その後年を重ね、次第に介護支援専門員の業務対応は安定しつつあった。しかし、必ずしもその役割を十分に果たせていない状況が見られたことにより、２０００年から現任研修事業が実施され、２００２年からは国・都道府県・市町村における介護支援専門員の支援体制を整備し、これらに対する相談窓口の設置、ケアプラン事例研究やサービス担当者会議の開催、事業所など関係者とのネットワークづくり、実践事例集の作成、情報支援などの介護支援専門員に対する支援が積極的に推進されるようになった。

また、２００５年の介護保険制度改正では、介護支援専門員の資質・専門性の向上を図るため、

①資質の更新制（5年間）

②二重指定制（ケアマネージャーごとにケアプランをチェックする仕組み）の導入

③主任ケアマネージャーの創設
等の見直しが行われた。そして翌２００６年には、次の4点の研修を追加、強化することにより、介護支援専門員の資質・専門性の向上を図ろうとした。
①実務従事者基礎研修（介護支援専門員実務研修を修了し、実際に実務に就いた後、6ヶ月から1年程度の者を対象とし、原則として対象者全員が受講する）
②専門研修課程Ⅰ（実務に就いた後、６ヶ月以降の者を対象とした研修）
③専門研修課程Ⅱ（実務に就いた後、３年以上の者を対象とした研修）
④主任介護支援専門員研修（介護支援専門員の実務経験を常勤で60ヶ月以上持ち、地域包括支援センターへの配置を義務とする者を対象とした研修）
このように、主任介護支援専門員の制度を創設し、介護支援専門員間での組織化や質の向上に向けての研修期間の増加等は、介護支援専門員の質の向上に繋がるものとは思われるが、介護保険施行10年目にあたって、ケアマネージメントの本質を今一度問い直し、研修の中身を再検証する必要に迫られている時が来ているのではないであろうか。

介護保険制度下におけるケアマネージメントは、対象者とその家族の生存・発達権の保障をめざすことを基本理念とし、対象者の主体性を引きだし、対象者の主体的選択によるその人らしい生活を展開していくための社会資源の活用・開発を援助していく専門的対人援助技術であることを今一度、介護支援専門員をはじめとする介護保健制度の運用にあたるすべての関係者が確認することが重要であり、この専門性を確保し専門性に沿った技術の展開を成し得る介護支援専門員の養成が重要であると考える。そうすることによって初めて、保健医療・福祉のサービスを活用しつつ生活を展開していくＣＶＡ患者を代表とする中途障害者の発症から社会復帰に至るまでの心理・社会的援助である、対象者の生存・生活権保障を目指した保健医療ソーシャルワークの展開が守られると考える。

３．第４次医療法改正後のＣＶＡ患者の保健医療ソーシャルワークプロセスの現状と課題　―調査②―

(1)　調査の背景と目的

保健医療ソーシャルワークに影響を及ぼしている今日のわが国の保健医療政策の一つである医療法改正、特に最近の第４次医療法改正が現場の保健医療ソーシャルワーク実践活動にどのような影響をもたらしているのかを、事例調査をもとに明らかにし今後の展望について考察を行うことを目的とする。

第４次医療法の改正の基本趣旨は、高齢化の進展等に伴う疾病構造の変化などをふまえ、良質な医療を効率的に提供する体制を確立するために、入院医療を提供する体制の整備、医療における情報提供の推進及び医療従事者の資質の向上を図ることにある。具体的には、マンパワーの不足を解消するために、入院医療を提供する体制の整備を行うこととなっており、これまでは建物等のハード部分の規定にとどまっていたが、患者の病態にふさわしい医療を提供するために、人的な部分まで踏み込んで規定している。同時に病床の混在という問題を解決するために、療養病床〈慢性期〉と一般病床〈急性期〉の病床区分が〈図：15〉に示すように行われた。

療養病床とは、慢性期のベッドであり、精神病床、感染病床及び結核病床以外の病床であって、主として長期にわたり療養を必要とする患者を入院させるための病床で、人員配置及び構造設備基準は現行の療養型の病床群と同じとされた。また、一般病床とは急性期の

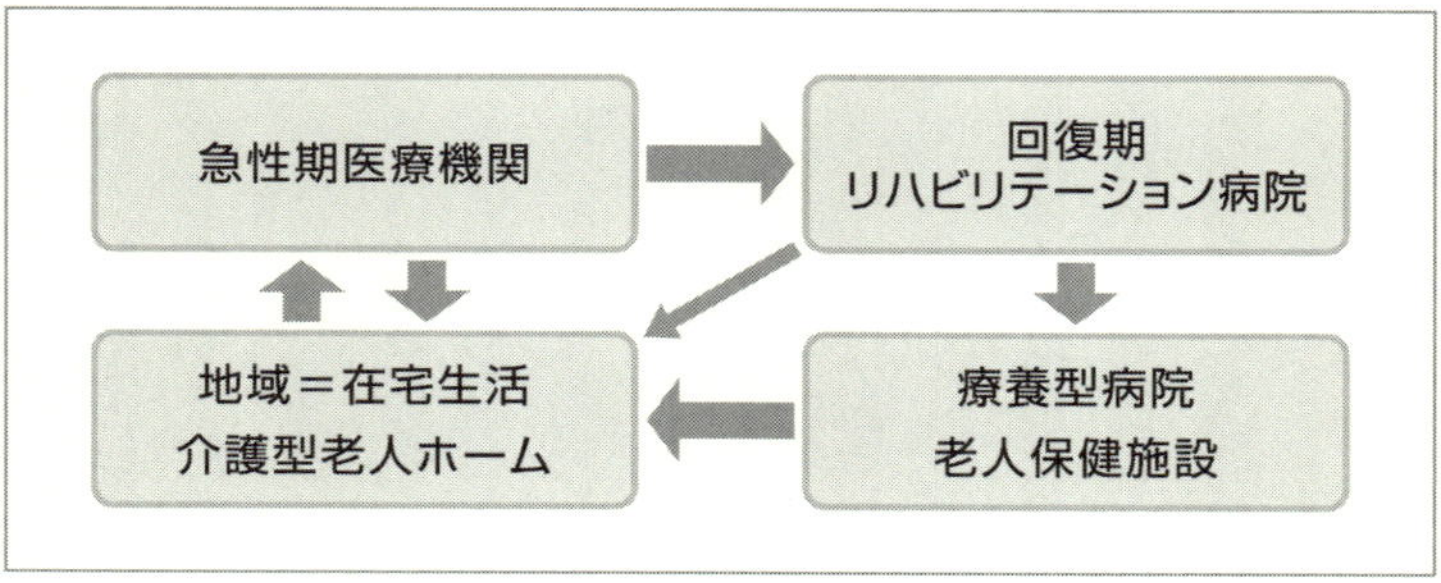

（筆者作成）

〈図：15〉ＣＶＡ患者の急性期から地域生活に至るプロセス

ベットであり、結核病床、精神病床、感染病床以外の病床入院患者３人に対して看護師１人に引き上げ（以前は４人に１人）、病床面積について患者１人当たり６・４㎡以上に引き上げられた。

⑵　調査の対象および方法

１　調査方法

事例調査（聞き取り及び観察法に基づく）を行った。集計方法は、要約的内容分析方法を用いた。

２　調査対象

G県O市、K府K市、O府S市において、４年生大学にて社会福祉の専門教育を受け、ソーシャルワーク理論を学び、10年以上現場で実践活動を展開してきたMSWの存在する以下の４医療機関とした。

1．O病院：急性期

2．B病院：急性期＋地域医療支援病院＋回復期リハビリテーション＋特殊疾患療養病棟

3．H病院：急性期＋回復期リハビリテーション＋在宅医療、MSWは存在せずメディ

カルコーディネーター（本医療機関独自の職種で、在宅医療の分野で医師の往診のコーディネイトのみ担っている）が存在する。

4．Tクリニック：在宅医療での医療関係者（ＭＳＷ〈6名〉、医師〈3名〉、看護師〈1名〉、メディカルコーディネーター〈2名〉）

3　調査項目

以下の4点とした。

①医療法改正に基づく医療機関の機能分化の実態

②医療機関の機能分化がもたらす対象者の動向

③医療機関の機能分化による保健医療ソーシャルワーク実践への影響

④関係機関との連携に向けての実態及び医療関係者の意識

(3)　調査結果の分析

以下のことが明らかとなった。

◇①について

＊第4次医療法改正に基づく医療機関の機能分化が生じた（総合病院、専門特化病院から一般〈急性〉病院、療養〈慢性〉病院に）ことにより、対象者が疾病の医学的治療段階

に応じて、医療機関を移動するため、ＭＳＷの担当者が、それに伴い〈図：16〉のように移動した。

◇②について

＊対象者は、医学的課題を中心にその課題解決に見合った機能の医療機関を渡り歩いている。

＊ＭＳＷは、各自、独自の機能を持った医療機関に属していることにより、対象者の保健医療ソーシャルワークプロセスの一時期を担う。↓〈図：16〉に示すように、保健医療ソーシャルワークプロセスの複数分断が起きている（Ｏ病院、Ｂ病院、Ｈ病院のＭＳＷによる）。

＊療養型病床への転院斡旋が日常業務の多くを占めている。その際、ソーシャルワークのバトンタッチができないことにジレンマを感じ、バーンアウト寸前である（Ｏ病院―急性期しか持たない医療機関―のＭＳＷによる）。

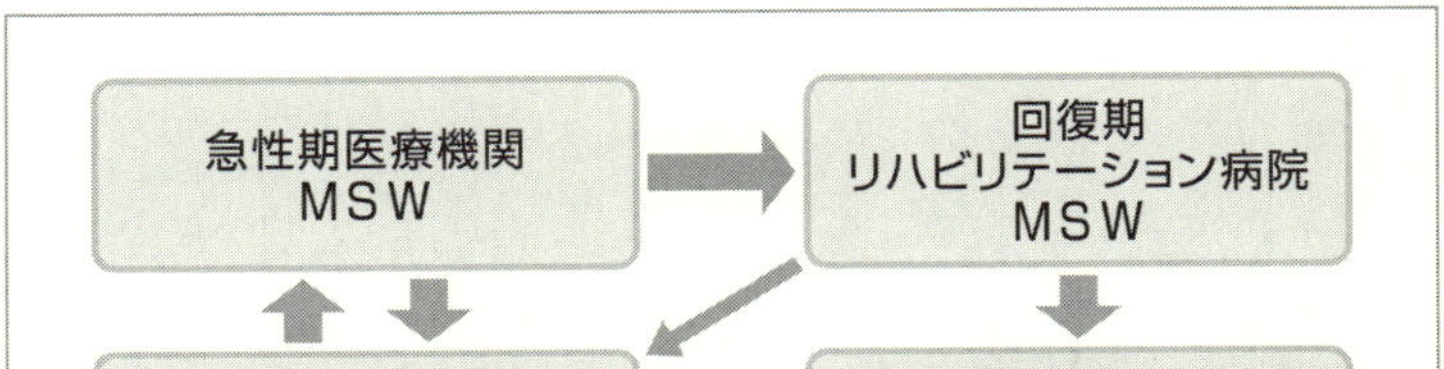

（筆者作成）

〈図：16〉医療機関の機能分化によるＣＶＡ患者の医療機関の移動と医療ソーシャルワークプロセスの実態

◇③④について

O病院：

＊急性期の治療を終えた後、生活課題を多く抱える対象者が地域に戻り、その人らしい生活を繰り広げるためのシステムを作って欲しい（医師）。

＊対象者の転院の際、転院あるいは在宅医療機関先へ、ソーシャルワークのバトンタッチを行うことのできるソーシャルワーカーが存在して欲しい（ＭＳＷ）。

B病院：

＊Ｂ病院は、急性期、回復期リハビリテーション、療養と多くの機能を持つが、院内の組織上、業務の遂行上、病棟別担当制をとらざるを得ず、対象者が治療の進行に伴い病棟を移動する度に担当のＭＳＷは替わる。院内でのＭＳＷ間の連携は取れているものの、ＭＳＷが次々替わることによる対象者や家族の不安がうかがわれる（ＭＳＷ）。

＊医療管理を常時必要とする対象者の在宅生活への援助を行う際、在宅医療活動を積極的に行っている地域の開業医（登録医）に橋渡しすることになるが、ＭＳＷを有している開業医がいないため、ソーシャル面での課題に関するバトンタッチができない。介護保険の対象者であれば、ケアマネージャーへバトンタッチを行っている（ＭＳＷ）。

＊介護保険の対象者の在宅への援助の際、ソーシャルワークについてはケアマネージャー

へバトンタッチを行うが、ケアマネージャーの基本的資格を把握してから、バトンタッチを行うケアマネージャーを確定するようにしている（ＭＳＷ）。

Ｔクリニック：

＊ＭＳＷとケアマネージャーとの違いがわからない（医師）。

＊ＭＳＷとは今までに一緒に仕事をしたことがなく、在宅医療を行うようになって、ケアマネージャーと仕事をするようになったが、介護保険対象福祉的サービスの紹介をしてくれるのでとても助かる（医師）。

＊介護保険対象以外の患者の訪問診療も行っているが、多くの患者が様々な生活課題を抱えている。医師として、生活課題への関わりができずジレンマを感じる。地域にＭＳＷのような人がいてくれたらと思う（医師）。

＊医師に医療に専念してもらうためにわれわれが存在する。ソーシャルワーカーの仕事＋コーディネイトを行うことがわれわれの業務であると考えている。これからの地域医療にはわれわれのような専門職の参加が必要と考えている（メディカルコーディネーター）。

＊ソーシャルワーカーの仕事は、医療機関の都合を優先させるのではなく、患者の立場に立って入院や退院をスムーズに行うことであると理解している（メディカルコーディネ

ーター）。

＊現在、メディカルコーディネーターを在宅医療の担い手として、全国レベルで研修（3ヶ月間）を展開しだしている（メディカルコーディネーター）。

(4) 考察

医療法の相次ぐ改正のもとで、保健医療現場において医療機関の機能分化が進み、対象者が急性期から回復リハビリテーション期、慢性期に至るまでを一医療機関で医療を受けることが困難となってきた。そのことにより、保健医療ソーシャルワークもまた一連のソーシャルワークプロセスを一医療機関の一ＭＳＷが担当し、地域につなげていくことが困難となった。また、未だ疾病や障害から来るところの生活課題を抱える対象者の地域での心理社会的課題解決援助の担い手となる者は、介護保険対象者の場合はケアマネージャーが存在するが、それ以外では未だ存在せず、医療福祉課題を持つ対象者の生存・発達権保障は実現できておらず、医療福祉労働の視点からも、そのことのジレンマからバーンアウト寸前のＭＳＷが存在するという問題点があった。また、保健医療ソーシャルワークに対する他の医療従事者からの理解も未だ不十分で、保健医療ソーシャルワークの一部である連携機能を新たな職種（メディカルコーディネーター）が担いだしたという現実も明らかとなった。

しかしながらその一方で、医師をはじめとする医療従事者からは、ますます、機能面において分断化される医療機関の現状から、医療機関間連携、医療機関と福祉機関の連携へのニーズは高まり、また、疾病構造の変化に伴う対象者および家族の生活課題の多様化・複雑化から、医療機関のみならず、地域の生活の場においても医療に対するＭＳＷのより強い介入へのニーズがうかがえた。

なお、社会福祉政策の今日的展開である社会福祉基礎構造改革に基づく介護保険制度がもたらす保健医療ソーシャルワークへの影響については、居宅介護支援事業所を併設している医療機関に所属するＭＳＷと、そうでない医療機関に所属するＭＳＷとでは、介護保険施行以降、保健医療ソーシャルワーク業務の変質のあり方が異なってきていることが明らかであった。前者においては、保健医療ソーシャルワーク業務からケアマネージメントを切り離し、ケアマネージメントのみを担当するワーカーを配置するというシステムを行っている医療機関と、すべてのＭＳＷが介護支援専門員の資格を有しており、従来どおりのソーシャルワークの展開を保っている医療機関があり、従って対象者への影響も異なっていた。後者においては、退院援助が中心となる時期になると、居宅介護支援事業所への橋渡しを行うため、ソーシャルワークの中断が起こっていた。

しかし一方では、そのような現状の中で、できるだけ対象者や家族が不利益を被らないようにしたいという配慮から、各々の医療機関において様々の工夫や努力が行われていた。すなわち、新しい保健医療ソーシャルワーク業務の確立を模索しつつある姿がうかがえた。

4．第5次医療法改正後のCVA患者の保健医療ソーシャルワークプロセスの現状と課題　―調査③―

(1) 調査の背景と目的

第5次医療法改正後のCVA患者の保健医療ソーシャルワークの現状と課題を、明らかにすることを目的とする。第5次医療法改正は、医療機関の明確な機能分化が図られ、そのことはCVA患者の病態に応じた医療機関への転院を余儀なくした。そのため、患者は転院先のMSWにソーシャルワーク援助をゆだねることとなり、保健医療ソーシャルワークプロセスが分断化されていった。そして第4次医療法改正時で行われた医療機能の分化・連携の推進は、CVA患者について、その病態に応じた機能を持つ医療機関へのより速やかな転院の推進を図るものとなった。そのことにより、保健医療ソーシャルワークプロセスの分断化にもより拍車がかかった。

ＣＶＡ患者は第5次医療法改正後には、発症時から地域での生活または施設入所に至るまでに、医療機関を複数回移動することとなった。それに伴い、一人のＣＶＡ患者の保健医療ソーシャルワークはクライエントの移動に伴って、転院先の施設や地域のソーシャルワーカーが担当することになり、ソーシャルワークプロセスは明らかに分断された。

(2) 調査の対象および方法

1　調査期間

２００７年8月1日から8月15日

2　調査対象

調査対象は以下Ａ氏からＦ氏に示すように、大阪府下の各医療機関に勤務する、社会福祉士資格を有するキャリア5年以上のＭＳＷ４名とキャリア20年以上の看護師２名とした。

Ａ氏：回復リハビリテーション病院ＭＳＷ
Ｂ氏：回復リハビリテーション病院ＭＳＷ
Ｃ氏：急性期病院ＭＳＷ
Ｄ氏：急性期病院ＭＳＷ
Ｅ氏：急性期病院地域連携室看護師

F氏：老人保健施設看護師

3　調査方法

調査方法としては、A氏・B氏に対しては個別聞き取り調査を、C氏・D氏・E氏・F氏に対してはフォーカスグループインタビュー法[2]を用いた。

集計は、要約的内容分析方法を用いた。

4　質問項目

医療機関の機能分化に伴うCVA患者の転院が招く保健医療ソーシャルワークプロセス分断の実態と、連続性の確保に向けての課題についての2点とした。

(3) 調査結果の分析

①急性期病院から回復期リハビリテーション病院へ移動

＊急性期病院から回復期リハビリテーション病院へは、短期間（約2週間）での転院を迫られるようになった。そのため、クライエントの身体的ゴールが定かではなく、ソーシャルワークプランの作成までに行き着かず、限られたケースのみソーシャルバックグラウンドと近々介入が必要となるソーシャルワーク課題について、サマリー（サマリーの様式は、各自手作成したものを使用している）にて、回復期リハビリテーション病院の

MSWに郵送している。

＊急性期病院から回復期リハビリテーション病院への転院の適性のないクライエント、すなわち重篤なCVA患者で一命は取り留めたものの、最重度障害者に至るクライエント（脳幹部のCVA患者など）[3]については、直接在宅生活への移行が迫られる。そのことにより、急性期病院のMSWは介護支援専門員や地域包括支援センターのソーシャルワーカーと連携をとり、ソーシャルバックグラウンドと病状経過や身体的状況についての情報提供を行うことしかできない。また、そこでは医療管理と身体的介護に重点を置いたぎりぎりの環境調整しか行われておらず、クライエントや家族の人権・生活権が保障されているとは言いがたい状況である。

②回復期リハビリテーション病院から療養型病床や老人保健施設への移動

＊回復期リハビリテーション病院の入院時に立てたソーシャルワークプランと、これまでのソーシャルワークプロセスの紹介内容をサマリー（各医療機関の裁量のもとで作成されたもの）にして郵送することによって行っている。これは比較的スムーズに行われている

③回復期リハビリテーション病院から在宅への移動

＊クライエントが退院する前に院内スタッフと地域スタッフとのカンファレンスが持たれ

ることが多く、その場でソーシャルワークプロセスの引継ぎが行われるが、スムーズな引継ぎが担当の介護支援専門員よっては困難なことが多い。スムーズな引継ぎの困難な理由は、介護支援専門員のベースとなる資格ではなく、個人のパーソナリティによることが多い。

④療養型病床から在宅への移動

＊移動時のケースカンファレンスや地域ケア会議等において、地域のケアマネージャーへの比較的スムーズな引継ぎができており、ケアプラン作成にも意見の提供が可能である。

⑤療養型病床や老人保健施設に入院および入所しているCVA患者の再発などによる、病状の急変や悪化に伴う急性期病院への緊急入院

＊ソーシャルワークプロセスの引継ぎのシステムはほとんど確立していない。

⑥療養型病床・老人保健施設から介護型老人ホームへ入所

＊定められたサマリーはないが、これまでのソーシャルバックグラウンドおよびソーシャルワークプロセスは引継ぎがされている。

(4) 考察

相次ぐ医療法の改正（特に第3次医療法改正以降）は、医療提供の効率化、地域におけ

る保健・医療・福祉の連携、在宅復帰の推進を目的とし、急性期から回復リハビリ期、在宅復帰への一連の効率的なライン構築の具現化を保健・医療・福祉機関に対し投げかけた。そして第４次・第５次医療法改正において、明確なる医療機関の機能分化がなされた。具体的には、ＣＶＡ患者が、急性期から社会的リハビリテーション期の医療を受ける場が、その身体的状況に応じ、それぞれの時期の目的に応じた機関に移動しなければならなくなった。言わばＣＶＡ患者の医療機関の「乗り継ぎ現象」が生じてきたのである。これは、ＣＶＡ患者の発症から身体的治療、心理社会的リハビリテーションを経て、その人らしい人生、生活をもう一度獲得するに至る援助である保健医療ソーシャルワークのプロセスを、分断化したことでもある。そしてその分断化をシームレス化させなければ、地域社会においてＣＶＡ患者の人権保障に基づいた生活の継続が困難となり、患者の生存・生活権保障の上に立ち、治療と生活を保障していくことを目的とした保健医療ソーシャルワークの本質が問われることになると言っても過言ではない。

このような政策的展開によってもたらされたＣＶＡ患者の保健医療ソーシャルワークプロセスの中断化・分断化からいかに連続性を再度確保し、ＣＶＡ患者に対して発症から生活障害を克服するリハビリテーション時期を経て、地域社会における生活の主体者として、その人らしい人生の再開に至るまでの一連の保健医療ソーシャルワークを提供できる体制を構築していくことが、今まさにＣＶＡに関わるＭＳＷのみでなく、すべての医療・福祉関係機関関係者の課題である。

注：

１　大森正英編著『介護職・福祉職のための医学用語辞典』中央法規出版・２００６・Ｐ２８２

２　共通の経験や特徴を持つ人々で構成される小集団に対して調査を行う。その方法は、関心領域に関連した特定の問題や論題について、ブレーンストーミングを基本とした意見交換を行う。

３　脳幹部の脳血管障害や外傷により「閉じこめ症候群」と呼ばれる障害を被る。眼球はわずかに動かすが無動・無言。橋底部の梗塞性病変によるものが知られている。動眼神経、滑車神経は保たれるため眼は動くが、それ以下の運動神経系は遮断されるので顔面・咽頭・四肢は全く動かない。感覚系は保たれ、網様体賦活系は障害されないので意識は清明。睡眠・覚醒のリズムもあり、脳波は正常である。

参考文献：

厚生省老人保健福祉局監修『高齢者ケアプラン策定指針　要約版』老人科学研究所・１９９４
小島蓉子編著『社会リハビリテーション』誠信書房・１９７８
小島蓉子編著『社会リハビリテーションの実践』誠信書房・１９８３
近藤克則著『医療費抑制の時代をこえて—イギリスの医療・福祉政策』医学書院・２００４
近藤克則編著『脳卒中リハビリテーション—早期リハからケアマネージメントまで　第２版』医学書院・

２００６
近藤克則著『医療・福祉マネジメント―福祉社会開発に向けて―』ミネルヴァ書房・２００７
澤村誠志監修『社会リハビリテーション論』三輪書店・２００５
ジョアン・オーム、ブライアン・グラストンベリー編著／日社会福祉士会監訳『ケアマネジメント』中央法規・１９９５
白澤政和著『ケースマネージメントの理論と実際』中央法規・１９９２
ステファン・Ｍ・ローズ編著／白澤政和、渡部律子、岡田進一監訳『ケースマネージメントと社会福祉』ミネルヴァ書房・１９９７
高橋都、会田薫子編著『はじめての質的研究法　医療・看護編』東京図書・２００７
能智正博、川野健治編著『はじめての質的研究法　臨床・社会編』東京図書・２００７

第４章　保健医療・福祉政策がもたらすＣＶＡ患者の保健医療ソーシャルワークの分断化から連続性に向けて

―ＭＳＷのＣＶＡ地域連携クリティカルパスへの介入の視点から―

本章では、２、３において、３章で明らかとなった近年のわが国の保健医療・福祉政策がもたらしたＣＶＡ患者への保健医療ソーシャルワークプロセスの中断化・分断化によって損なわれたＣＶＡ患者の生存・生活権保障の上に立った援助の回復をめざし、保健医療ソーシャルワークのシームレス化に向けて、先行している身体的治療を優先としたＣＶＡ地域連携クリティカルパスへのＭＳＷの介入状況を実態調査④で明らかにする。そのうえで、今後の課題を実態調査⑤を通して示し、調査⑥ではＣＶＡ患者を対象とした保健医療ソーシャルワークの基本的目的である「地域社会でのＣＶＡ患者の生存・生活権保障の理念にもとづいた生活の確保を目指した援助」を困難にならしめている現状を打破し、身体的治療を中心とした医療のシームレス化にとどまらず、全人間的医療のシームレス化を目指すため、保健医療ソーシャルワークプロセスのシームレス化の具現化に資する構成要素について必要な知見を「連携システムのあり方」と「ＣＶＡ保健医療ソーシャルワークパスツール」の試案を提示する。

1．ＣＶＡ地域連携クリティカルパスについて

(1)　ＣＶＡ地域連携クリティカルパスとは

今日の保健医療ソーシャルワークを取り巻く制度上の動向は、保健医療ソーシャルワークプロセスを変質させてきた。すなわち、介護保険法や障害者自立支援法導入、相次ぐ医療法の改正（特に第３次医療法改正以降）は、医療提供の効率化、地域における保健・医療・福祉の連携、在宅復帰の推進を目的としており、急性期から回復リハビリテーション期、在宅復帰へといたる一連の効率的なラインの構築の具現化を、保健・医療・福祉機関に対し投げかけた。そして第４次・第５次医療法改正において、明確なる医療機関の機能分化がなされた。そしてこのことが、ＣＶＡの保健医療ソーシャルワークプロセスの中断化・分断化をもたらした。

一方、このような医療機関の機能分化のもとで、患者の継続的医療を確保していくために、大腿骨頸部骨折をはじめいくつかの注目疾患（急性心筋梗塞、がん等）において、地

域の機能分化した医療機関や保健、福祉の機関との連携を目的とした一つのツールとして「地域連携クリティカルパス」の活用がすでに始まっており、対象疾患としてＣＶＡ患者を取り上げている地域も増加してきている。

「地域連携クリティカルパス」は、１９８５年の第１次の改正医療法によって導入された地域医療計画の見直しが、第５次改正医療法で入院診療・退院計画書の作成という形で法律で定められたことから発している。地域医療計画の見直しは、第５次医療法改正までは病床数のみの規制といった色彩が強く、医療の質的整備の充実に寄与してきたとは言えないものであった。そのような状況から、第５次医療法改正では、一つの医療機関だけでなく地域全体で患者の医療ニーズを受け止めるため、適切な医療が提供されるように地域内での医療機関の機能分化がはかられ効率的に医療が提供されるよう見直しが行われた。

具体的には、

①生活習慣病などの医療連携体制の構築の具体的な方策
②患者が退院後、継続的に適切な医療を受けることができる医療連携体制
③保健医療サービスと福祉サービスとの連携の構築
④医療連携体制が医療従事者間・介護サービス事業者・住民・地域の関係者との協議を経て構築されること

という条項が盛り込まれた。つまり、保健・医療・福祉の連携体制の構築を目指すものであった（医療法第30条の4）。そして医療法第6条の4では、入院診療・退院計画書の作成は電子媒体または書面とし、入院診療計画書の作成にあたった医師だけでなく、薬剤師、看護師、その他の医療従事者と有機的に連携し、知見を反映するよう定められている。また退院計画書については、保健医療サービス機関や福祉サービス機関との連携により、一定の書面を作成するように努めることが明記されている。「地域連携クリティカルパス」は、このような背景のもとに、地域において機能分化した保健・医療機関、福祉機関との連携体制を構築していく上での具体的一ツールとして作り出されたものである。

本章では、すでに試みられているCVAの地域連携クリティカルパスの実態を把握し、医療機関の機能分化がもたらしたCVA患者の保健医療ソーシャルワークの分断をシームレス化させるにあたり、一つの突破口としてMSWが介入する上での課題と解決に向けての検討を行う。

(2) CVA地域連携クリティカルパスの取り組みについて

「地域連携クリティカルパス」がどのような経緯のもとにCVA患者に活用されるに至ったかを整理する。「地域連携クリティカルパス」は、急性期病院から回復期病院を経て自宅に帰るまでの診療計画表のことである。患者が治療を受けるすべての医療機関で共有し、患者が安心して医療を受けることができるよう、施設ごとの診療内容・治療経過、最終ゴールなどの診療計画を患者に提示するものである。2006年の診療報酬改定で導入されたが、当初の対象疾患は大腿骨頸部骨折に限られていた。しかしながら、厚生労働省は、CVAがリハビリテーション病院などとの連携が重要な疾病であることから、総治療期間の短縮を目的に地域連携クリティカルパスの対象疾患とする方針を示した。そして2008年4月からの新医療計画に医療連携体制を明記することが定められ、がん、CVA、急性心筋梗塞、糖尿病の4疾病すべてをクリティカルパスの対象疾患としたことにより、CVA患者が地域における疾患別診療ネットワークの構築を目的とした「地域連携クリティカルパス」の一疾患として位置づけられた。2012年までには、5大癌（肺癌、胃癌、肝癌、大腸癌、乳癌）の地域連携クリティカルパスの運用が都道府県で課せられている。

次にCVA患者の「地域連携クリティカルパス」が現在どのように進められているのかを整理する。まずパスの媒体となるツールであるが、クリティカルパスツールは〈図：17〉に示すように、単なる診療計画書ではなく、PDCA（Plan-Do-Check-Action）サイクルを回して医療の質を向上させるためのツールである。クリティカルパスは患者と共有

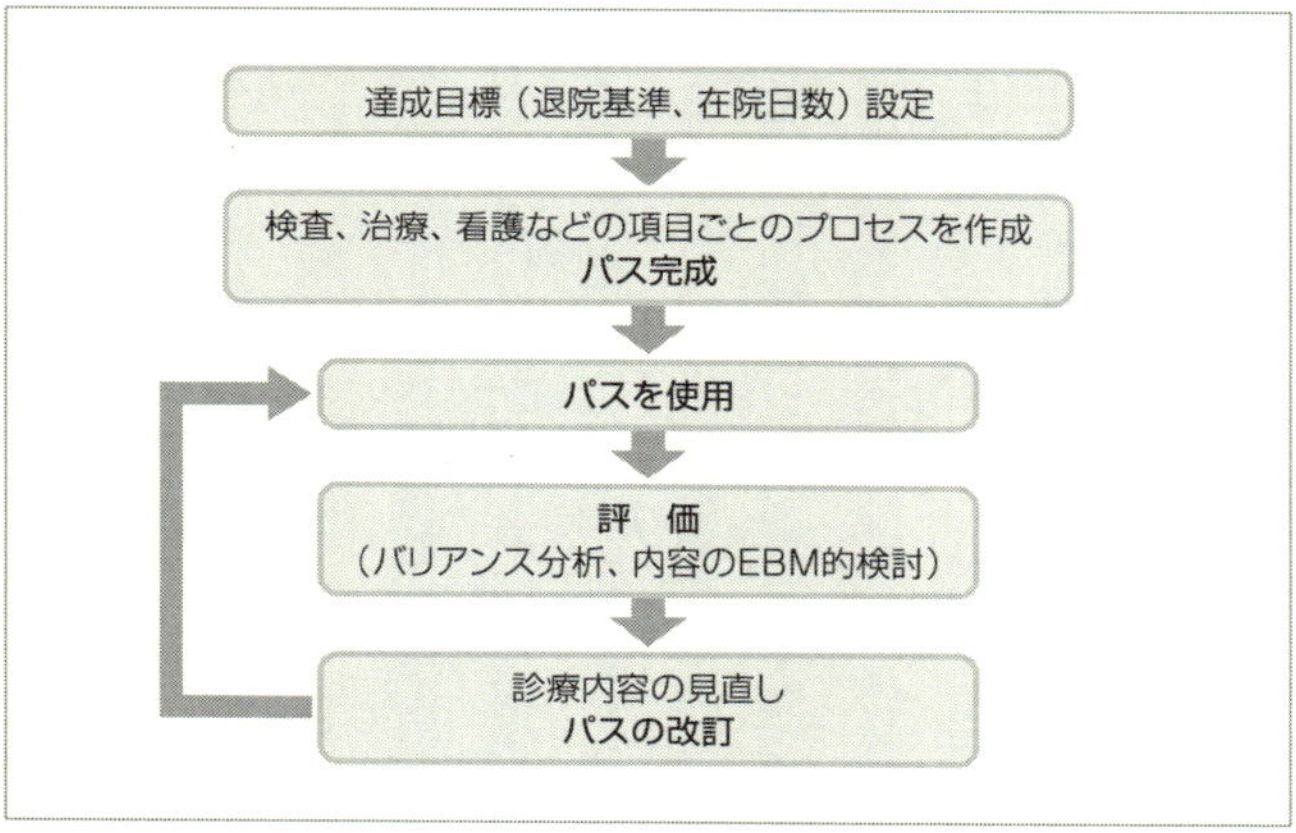

〈図：17〉クリティカルパスの作成・改訂手順

引用：「地域連携クリティカルパス　脳卒中・大腿骨頸部骨折・NST」
藤本俊一郎編集・メディカルレビュー社・2006・P30

することが必要であり、医療者用と患者用のセットで作成されなければならない。また、クリティカルパスツールは使用後の検証が必要で、検証にはバリアンス分析法が用いられる。その結果、必要であれば診療内容や達成目標の見直しが行われ、クリティカルパスツールの見直しも行われる。またこれらの作成と改訂作業には、関係スタッフが協同で行わねばならない。それにより、チーム医療の効果が得られる。

よって、「地域連携クリティカルパス」ツールは、一貫した診療計画の中にそれぞれの施設の役割分担が明確に表示されているだけでなく、使用後、バリアンス分析ができるように作成されていることが重要である。そして、「地域連携クリティカルパス」は、機関間を越えた一貫した診療計画であるため、関係機関間で、対象疾患の治療方針の統一が必要であり、連携機関のスタッフが定期的なカンファレンスを持ち、使用後の「地域連携クリティカルパス」の検証、バリアンス分析を通して、ツールの改訂を行っていくことが重要である。具体的なツールは、地域によってそれぞれ工夫されたものが開発されつつあるが、このようなツールの基本を踏まえ、〈図：18〉に示すフローを基本におき、ツール活用のもとに現在、各市町村でＣＶＡの「地域連携クリティカルパス」が始動し始めている。

先駆的な取り組みとしては、香川県中讃地域における香川労災病院を中心とした「ＣＶＡ地域連携クリティカルパス」、富山市における済生会富山病院と高志リハビリテーション病院を中心とした「地域統一型脳卒中連携パス」、石川県能登中部保健福祉センター（保健所）管内を指定し、恵寿総合病院を中心とした「能登脳卒中地域連携クリティカルパス」、兵庫県東播磨地域における「生活習慣病と脳卒中地域連携クリティカルパス」があげられる（藤本俊一郎　２００７）。

また熊本市では、済生会熊本病院、熊本市民病院、熊本日本赤十字病院、熊本医療センターの４大救急病院と熊本大学医学部付属病院と熊本地域医療センターの計６病院が急性期の患者を治療し、平均16日でリハビリテーション病院に移動することを目的とした「熊

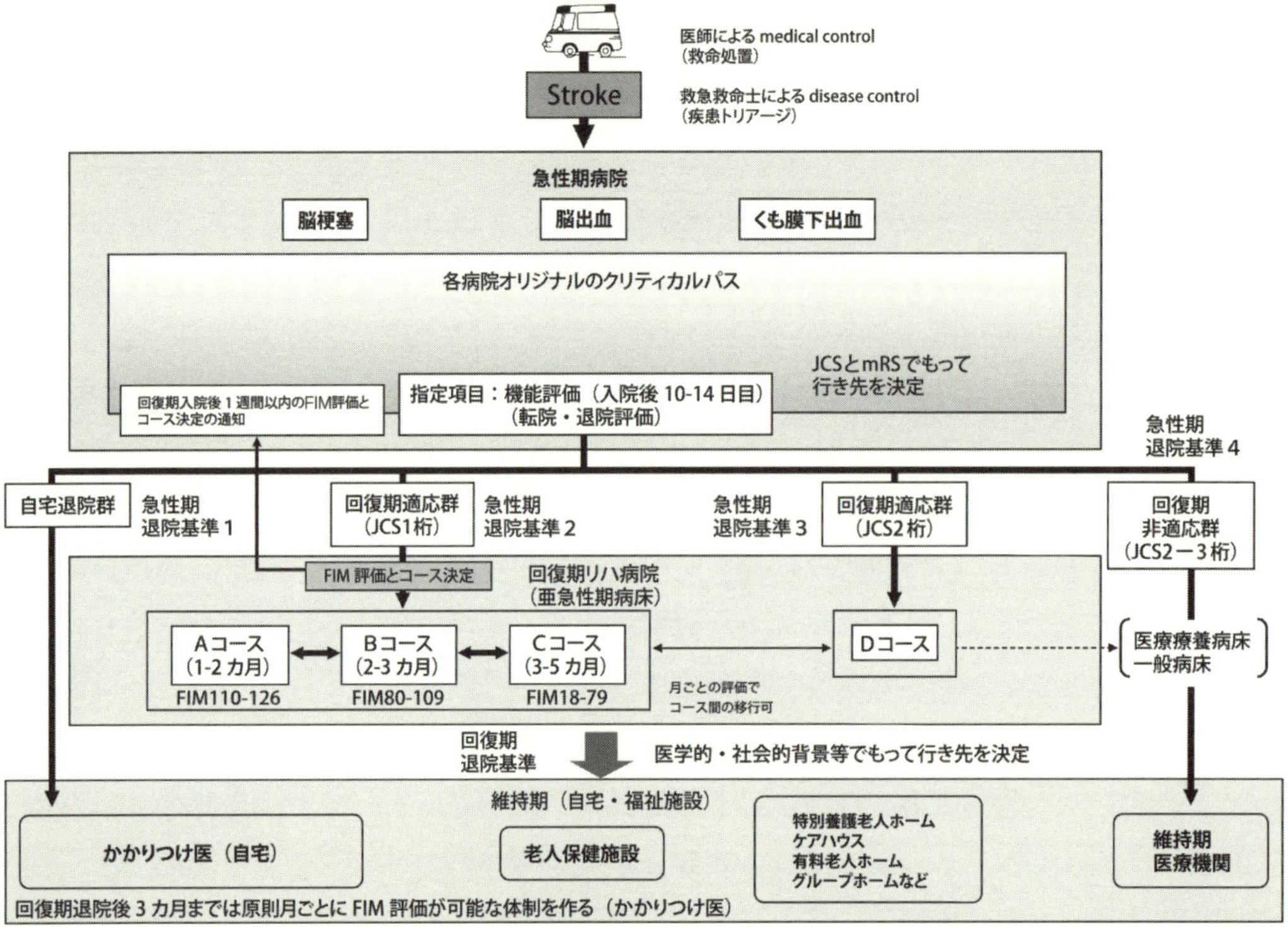

〈図：18〉脳卒中地域連携クリティカルパスフロー

引用：www.medinet-tokai.com/npo/stroke_path/index.html「NPO 版脳卒中地域連携クリティカルパス普及版」

本脳卒中ネットワーク」がある。そしてこの連携の際に、具体的に活用されているツールすなわちパスの用紙は、地域により多少の違いはあるものの、項目には大きな違いは見られない。そのような中、日本脳卒中学会では、前名古屋大学脳神経外科教授（現・独立行政法人国立病院機構東名古屋病院院長）吉田純氏と協力して、同氏が代表を務める東海ネット医療フォーラム・ＮＰＯが経済産業省から委託されている事業「地域医療情報連携システムの標準化及び実証事業」の中で脳卒中地域連携クリティカルパスの事例並びにその活用手順等を検討し「ＮＰＯ版脳卒中地域連携クリティカルパス」（普及版）を公開している（日本リハビリテーション医学会診療ガイドライン委員会　２００７）。

しかし、現在使用されているツールは、身体的治療、継続的医療管理、日常生活上の介護に関する情報提供が主となったもので、ソーシャルワーク援助プロセスの連続性を確保するために十分な心理・社会的情報提供や、ソーシャルワークプラン、ソーシャルワークプロセスに関する情報提供欄はもりこまれておらず、ソーシャルワークプロセスを連鎖させていくものとは言いがたい。つまり、現在のＣＶＡ患者の地域連携クリティカルパスは、ＣＶＡ患者の適切な身体的治療と身体的介護を地域の中で確保していくことを可能にしていくものであるが、ＣＶＡ患者の人としての尊厳を持った生活や人生を地域の中で確保していくことを可能にしているとは言いがたい。このような現状の下で、医療機関独自でパスツールを作成し、独自のツールを使用している医療機関も見受けられる。

2. CVA地域連携クリティカルパスへのMSWの介入状況について
――調査④――

本節では、1節で述べた「CVA地域連携クリティカルパス」へのMSWの現在の介入状況について調査に基づき実態を把握する。

(1) 調査の目的

CVA患者へのソーシャルワークプロセスの連続性確保のための一ツールとしての地域連携クリティカルパスについてMSWの介入状況を把握し、課題と改善策を検討することを目的とする。

(2) 調査の対象および方法

1　調査対象

近畿2府4県の急性期医療機関・回復期リハビリテーション病院・老人保健施設・療養

型病床に勤務する医療ソーシャルワーカー150名。日本医療ソーシャルワーカー協会の支部または全国の会員の方々の中から、会員名簿より無作為抽出を行った。名簿の活用のもとでの対象者の抽出に当たっては、協会の許可を得た上で行った。

2　調査方法

アンケート調査で、郵送による質問紙法での調査法を用いた。集計については、統計的手法を用いた。〈資料：3〉

3　調査期間

2008年7月1日から7月31日

4　回答

回収率42％（67名の回答）のうち、有効回答率42％

(3) 調査結果の分析

―属性について―

＊ＭＳＷとしての経験歴：

回答者のＭＳＷ経験歴については、5年以上10年未満が約半数を占めていた。〈図：19〉

＊取得資格は、社会福祉士を取得している者が30名（45・5％）と最も多く、次いで社会福祉士と介護支援専門員の両資格を取得している者が20名（28・8％）であった。〈図：20〉

＊所属医療機関の機能別では急性期医療機関が最も多く、26機関（38・8％）を占め、次に複数の機能を持つ医療機関が20機関（29％）であった。〈図：21〉

―地域連携クリティカルパスの介入状況について―

＊地域連携クリティカルパスを活用している医療機関は26機関（41・9％）で、活用していない医療機関は36機関（58・1％）であった。〈図：22〉

＊地域連携クリティカルパスの活用を行っている医療機関のうち、大腿骨頸部骨折の患者とCVA患者の両方に対して、活用している医療機関が最も多く、ついでCVA患者への活用が多く行われていた。

MSW経験年数

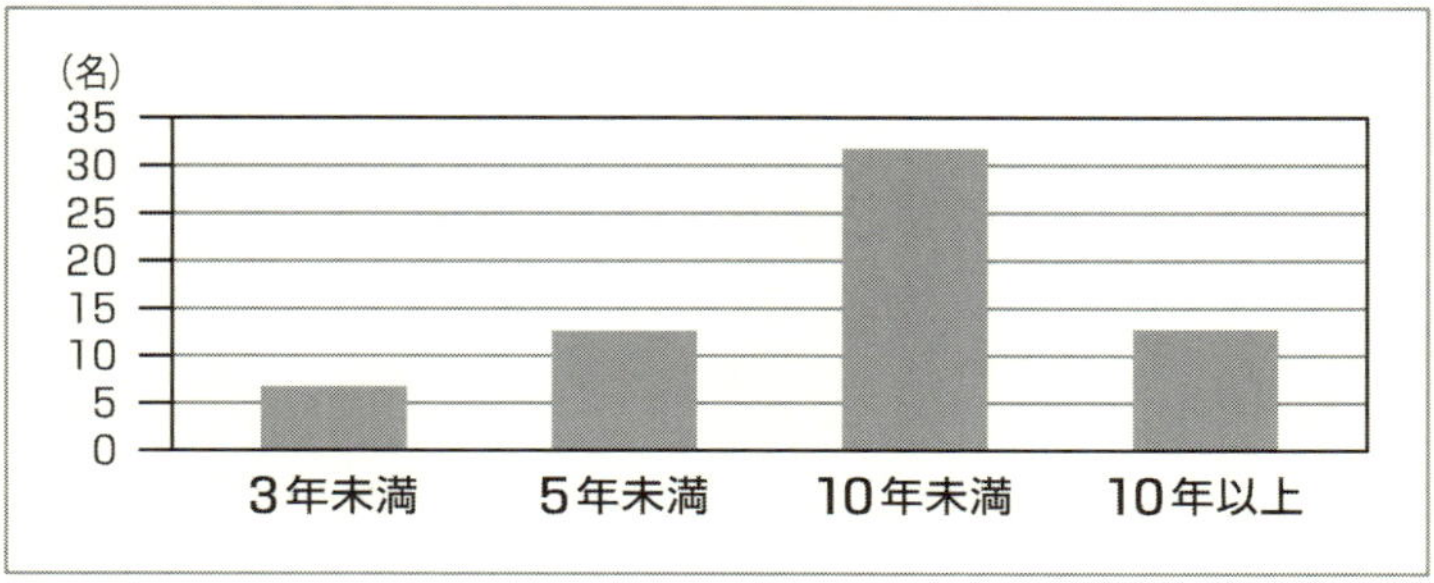

〈図：19〉 (n = 67)

取得資格

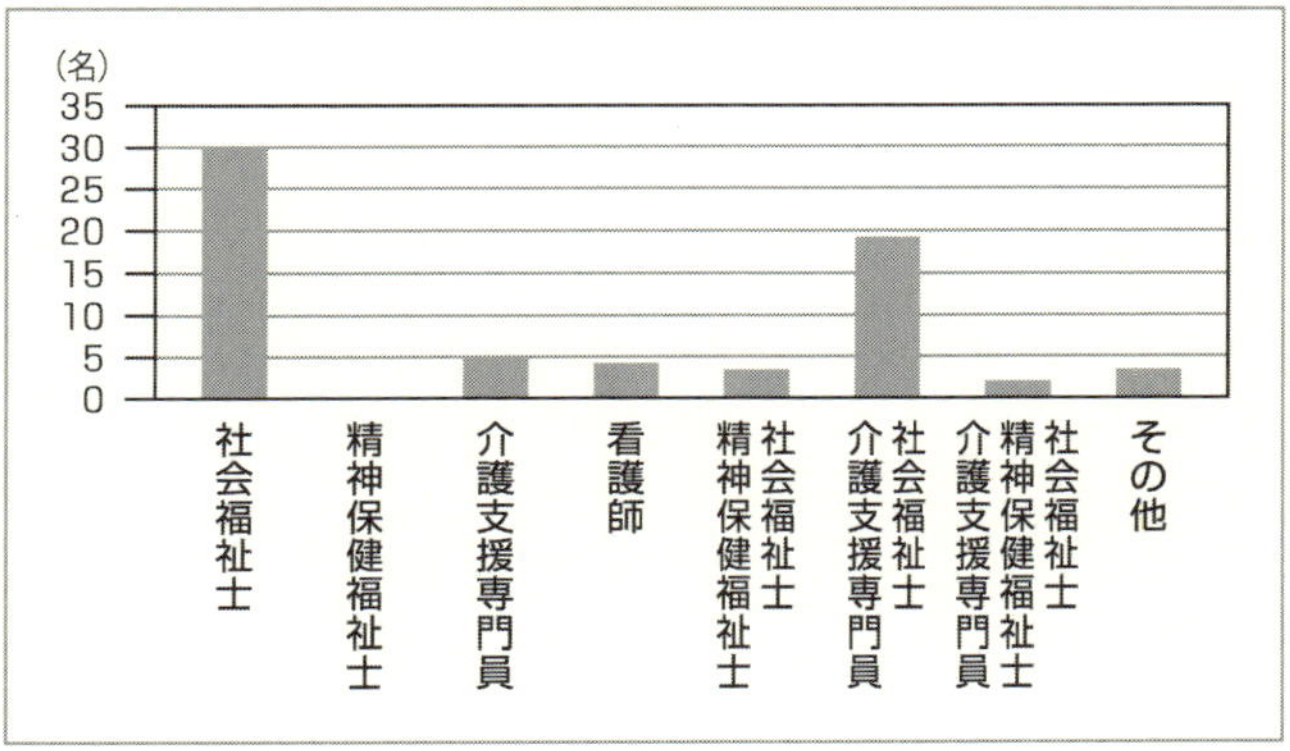

〈図：20〉 (n = 67)

機能別

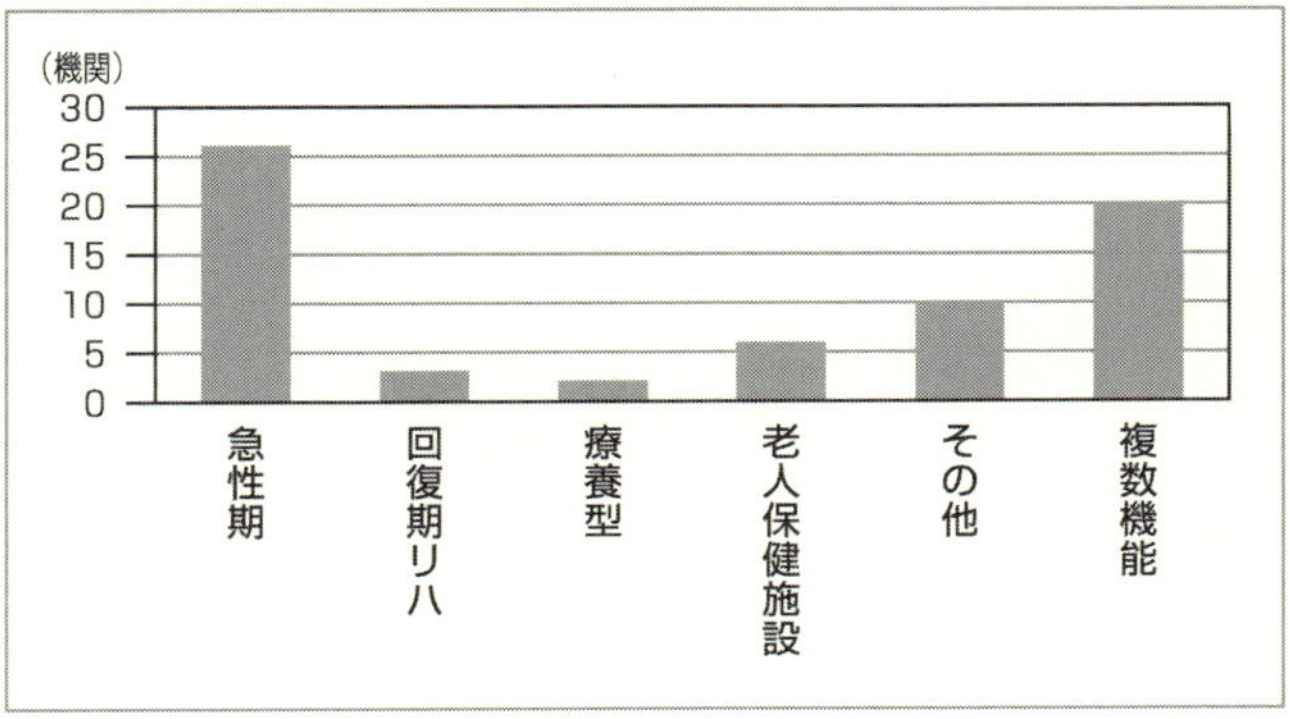

〈図：21〉 (n = 67)

〈図：23〉

＊ＣＶＡ患者への関わりをＭＳＷが行っている医療機関は59機関で95・２％を占めていた。〈図：24〉

＊ＣＶＡ患者への関わりを行っている医療機関での、ＣＶＡ患者への主な援助は、退院・転院に伴う援助、社会資源の紹介・活用が中心であった。〈図：25〉

＊ＣＶＡ患者に対する地域連携クリティカルパスの取り組みを始めている医療機関は、22機関（36・７％）で、まだ始めていない医療機関は38機関（63・３％）であった。〈図：26〉

＊ＣＶＡ患者の地域連携クリティカルパスの様式は、大多数が地域において統一の様式を用いていた。〈図：27〉

＊ＣＶＡの地域連携クリティカルパスにおけるソーシャルワークの連携についての配慮は、配慮されていると配慮されていないとでは半数に分かれた。〈図：28〉

以上のデータを下に、ＣＶＡ患者への援助を行っているＭＳＷ（59名）の地域連携クリティカルパスへの取り組み状況について以下のことが明確となった。

ＭＳＷの中心業務が退院援助・社会資源の活用と答えた回答者56名のうち、地域連携クリティカルパスを活用している回答者は22名で、その中で地域連携クリティカルパスの様

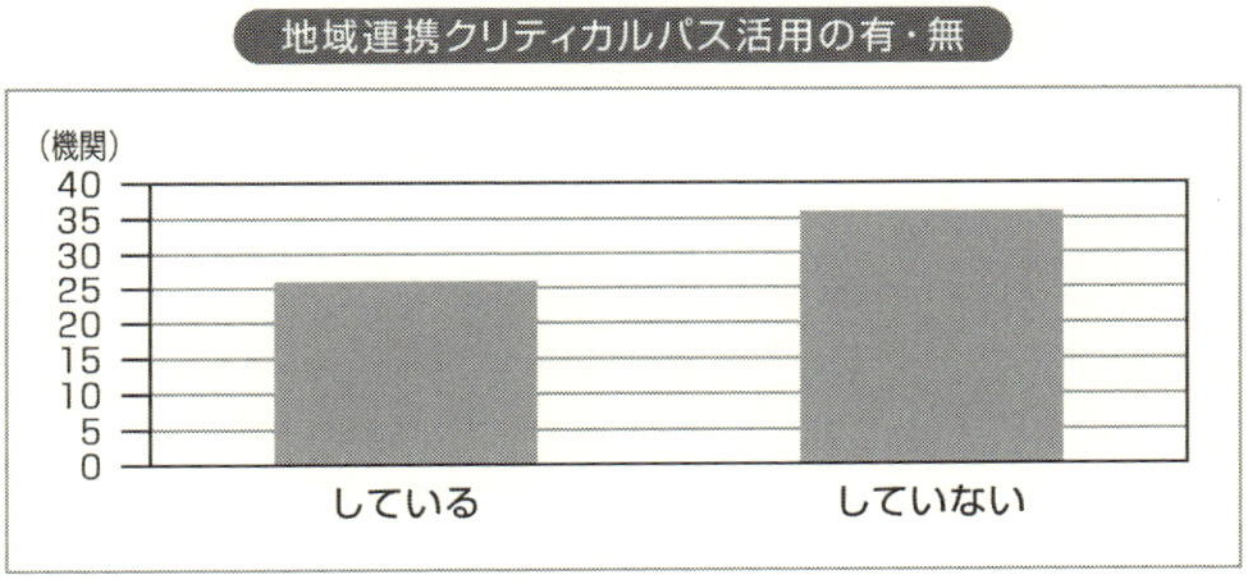

〈図：22〉 (n ＝ 67)

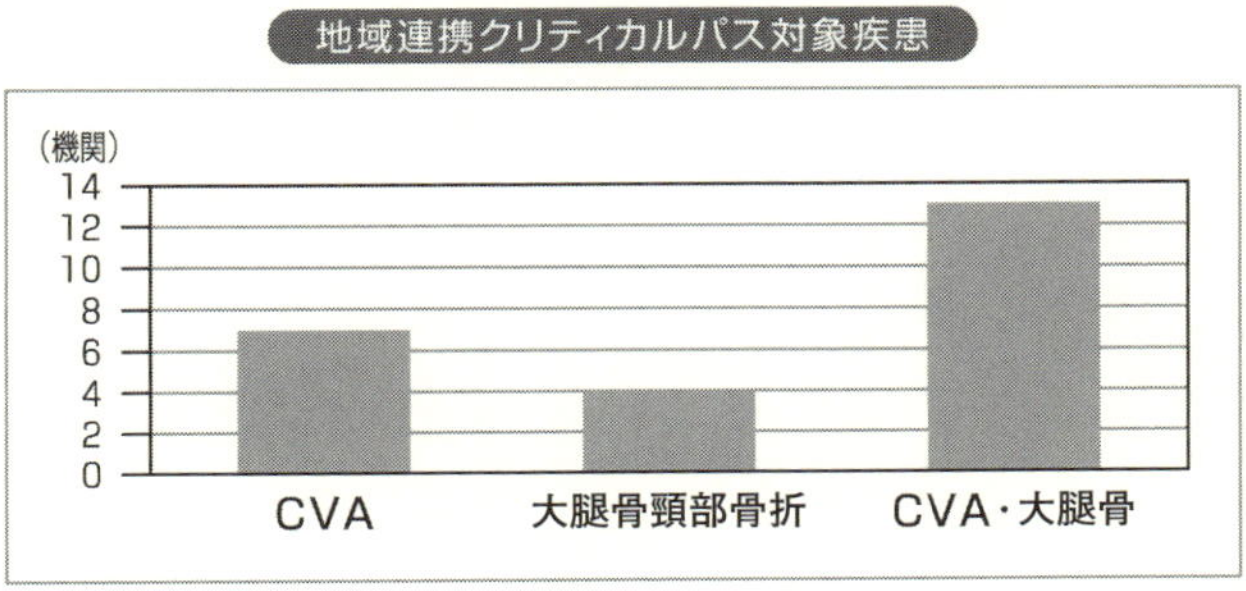

〈図：23〉 (n ＝ 26)

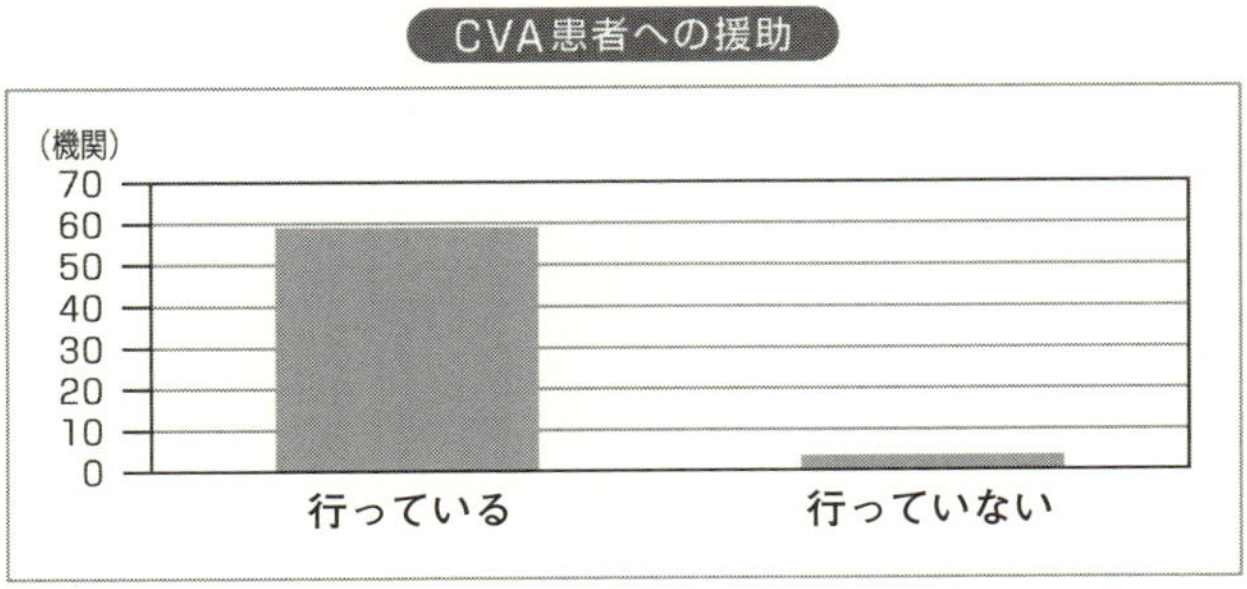

〈図：24〉 (n ＝ 67)

CVA患者への主たる援助

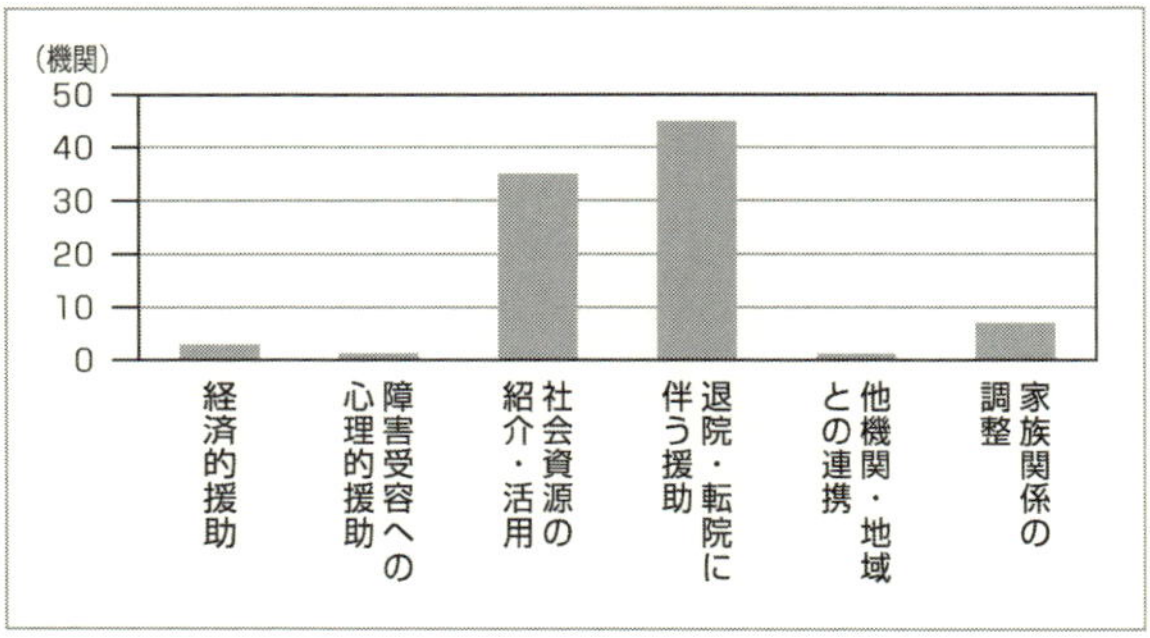

〈図：25〉 (n ＝ 59)

CVA患者の地域連携クリティカルパスへの取り組み

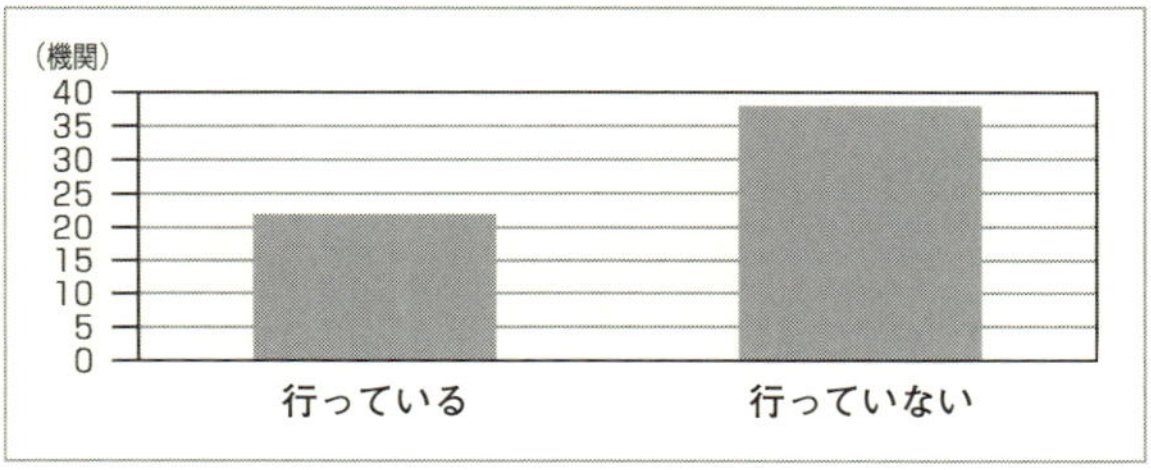

〈図：26〉 (n ＝ 60)

CVA地域連携クリティカルパスの様式について

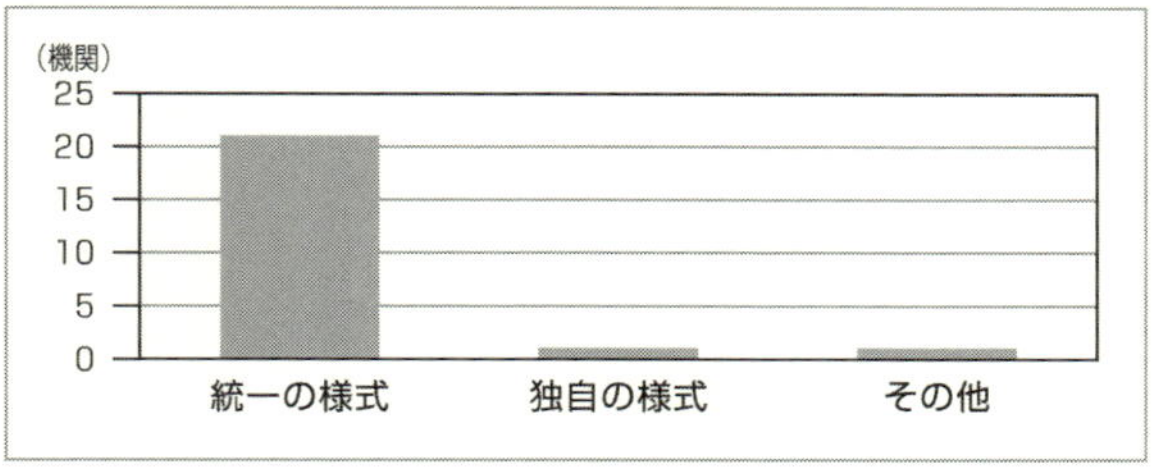

〈図：27〉 (n ＝ 22)

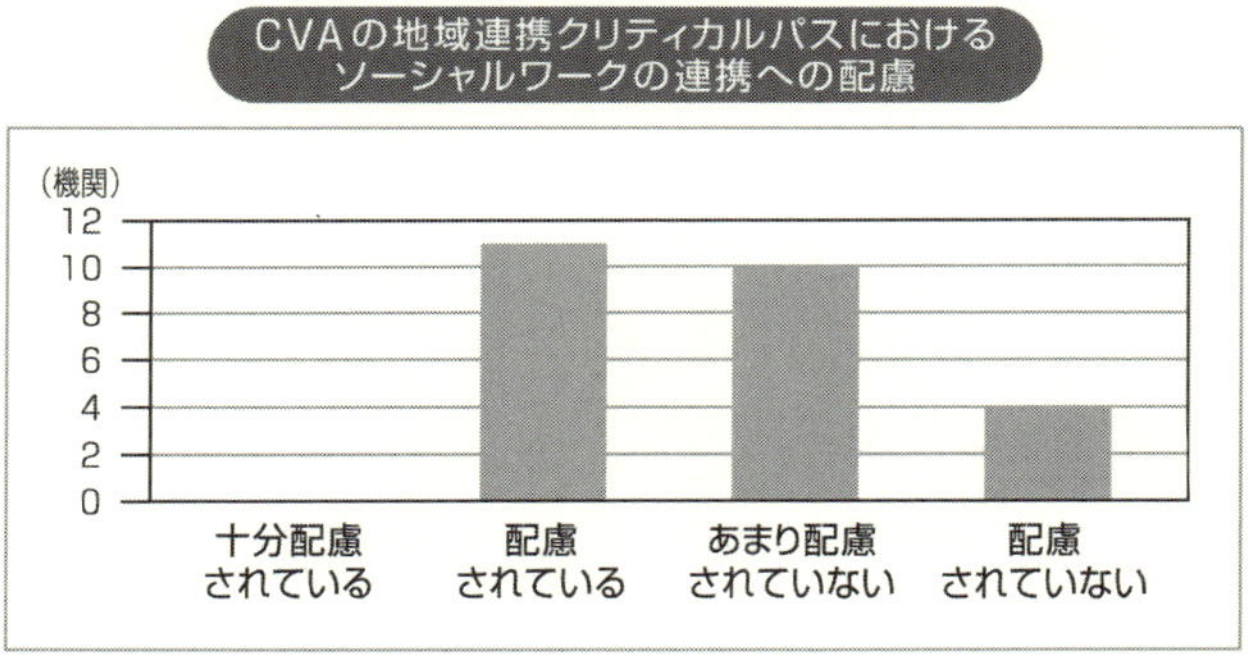

〈図：28〉 (n = 22)

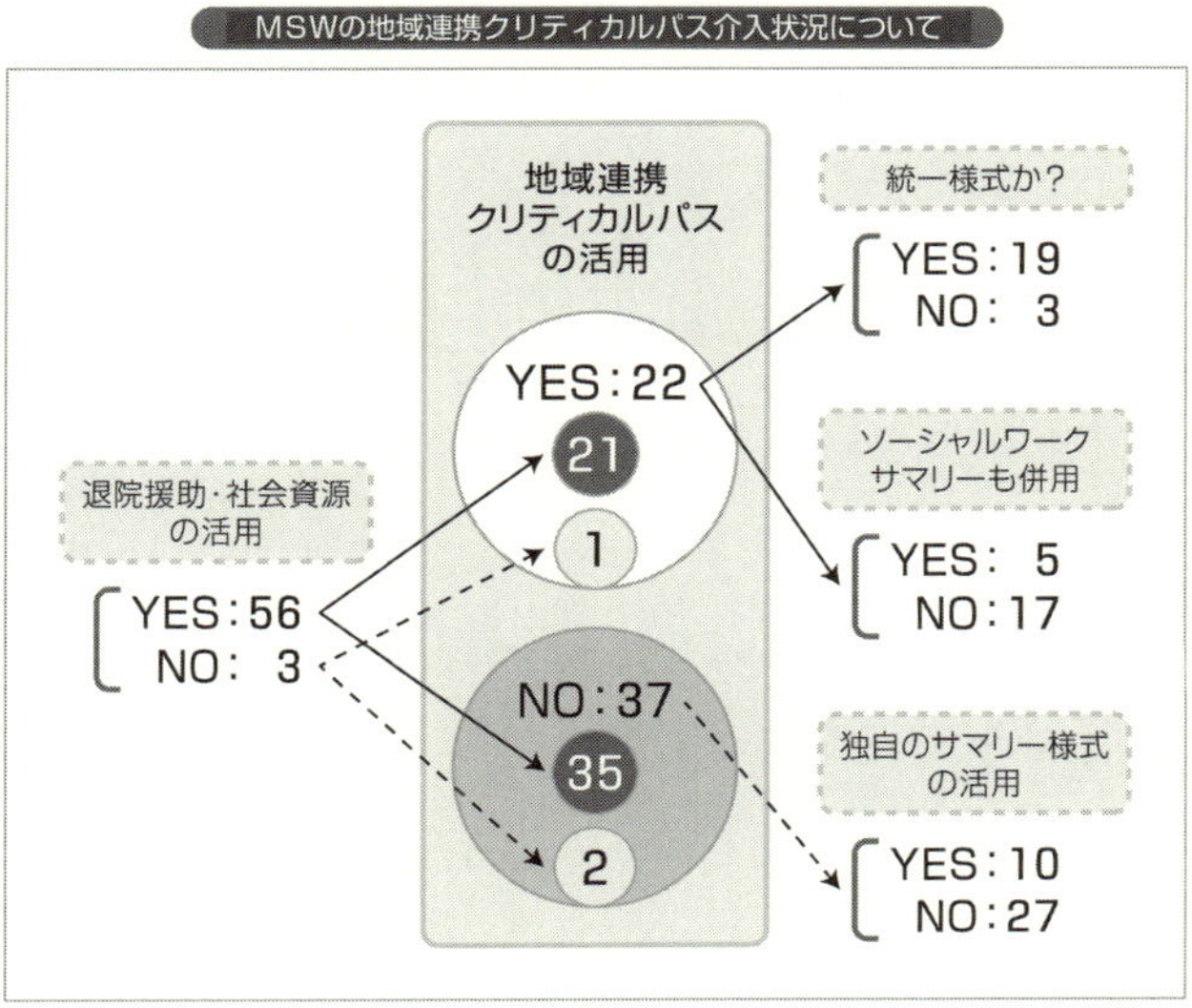

（筆者作成）

〈図：29〉

式以外に、ソーシャルワークのサマリー様式も併用している回答者が5名あった。MSWの中心業務が退院援助・社会資源の活用と答えながら、地域連携クリティカルパスの活用を行っていない回答者35名のうち、退院援助の際、独自のソーシャルワークサマリー様式を活用している回答者が10名あり、地域連携クリティカルパスも、独自のサマリー様式も活用していない回答者が27名あった。〈図：29〉

ＣＶＡ患者のツールによる保健医療ソーシャルワークのシームレス化を行っているＭＳＷは現在54％であることが明らかとなった。〈図：30〉

その内訳は、〈図：31〉に示すとおりである。

また、本調査の自由解答欄に次のような意見があった。これは、要約的内容分析法にて整理を行った。

―地域連携クリティカルパスの様式に関する意見―

＊現在活用している様式は身体的情報の記載が大部分で、ソーシャルワークに関する情報の提供が少ないものとなっている。

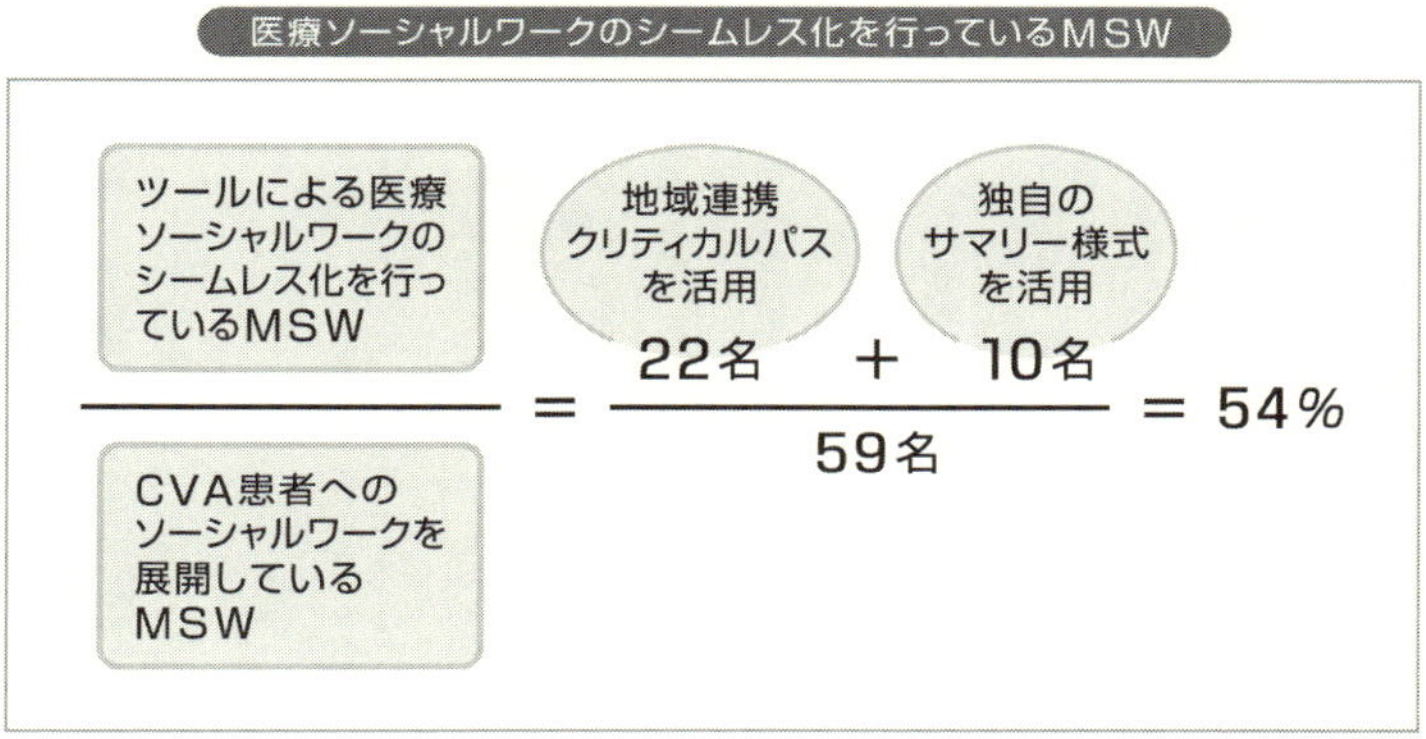

（筆者作成）

〈図：30〉

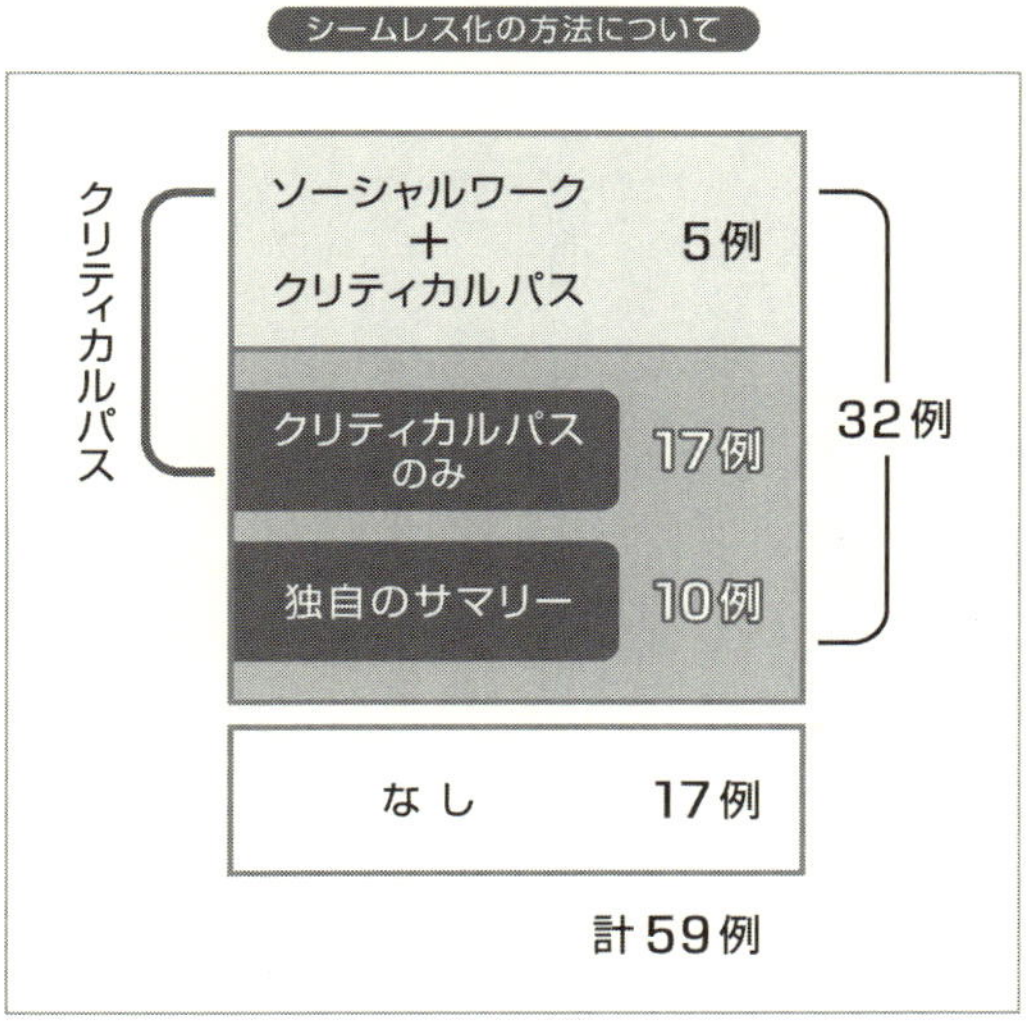

（筆者作成）

〈図：31〉

―分化された機能を持つ医療機関間での連携方法に関する意見―

＊ＭＳＷのいない医療機関があり、ソーシャルワークの継続依頼が困難である。

＊ケアマネージャーの専門性が様々であり、スムーズなソーシャルワークの引継ぎが困難なことが多々ある。

＊個人情報を、どこまで提供してよいか迷いを感じることが多々ある。

(4) 考察

本調査では、医療法の改正がもたらした医療機関の機能分化による保健医療ソーシャルワークの分断化の中で、ＣＶＡ患者の発症から地域での生活の再現に向けての援助を展開するため、ＭＳＷが保健医療ソーシャルワークプロセスの連続性の確保に向けて、ＣＶＡ地域連携クリティカルパスチームの一員となり、また一方では保健医療ソーシャルワーカー間での連携を強化しようとする努力がうかがえた。

しかしながら、地域連携クリティカルパスは一つの突破口として重要なツールではあるが、保健医療ソーシャルワークプロセスの連続性の確保という視点においては以下のような課題が明らかとなった。

①現時点では、身体的治療上の連携を主としたものであるため、保健医療ソーシャルワ

ークパスを内包させることが必要である。

②地域連携クリティカルパスが発展していくと同時に、ツールにのみ依存するのではなく、地域のあらゆる機能を持つ医療機関のすべてのスタッフの顔が見える連携の実現が必要である。

③地域の医療機関のすべてのスタッフの間でそれぞれの職業的価値と併用した共通の倫理・価値の共有化が不可欠である。

これらの具現化のもとに初めて、ＣＶＡ患者の保健医療ソーシャルワークの連続性が確保されるであろうと考える。

そして、そのベースとして以下の４点が重要であると考える。

①各保健・医療・福祉機関のソーシャルワーカーが、ソーシャルワークの専門性を身につける。

②機関内・外において、ソーシャルワーカーの専門性についての理解を得る。

③地域のソーシャルワーカーが協働で作成した、保健医療ソーシャルワークパスを可能ならしめる項目を地域連携クリティカルパスに内包させる。この作成においては、地域連携クリティカルパス作成手順を基本とする。

④各保健医療・福祉機関のソーシャルワーカーは、地域連携クリティカルパスのスタッ

フメンバーとして、連絡調整会議、パスツールの改善検討プロジェクトに一員として参加することはもちろん、チーム内において、地域連携クリティカルパスのチームリーダーが医師であるならば、コーディネーターとしての役割を担っていくべきである。

本研究でも明らかなように、MSWは医療機関内におけるケースワークが中心であった時代はすでに過去のもので、地域を射程に置いた活動が今まさに求められている。そのことが、CVA患者の生存・生活権保障に基づいた地域での生活の確保を実現させる保健医療ソーシャルワークのあり方であると考える。

3. CVA患者の地域連携保健医療ソーシャルワークパスの構築に向けて
―調査⑤―

(1) 調査の背景と目的

第5次医療法改正がもたらした医療機関の機能分化によって保健医療ソーシャルワークプロセスの分断化が背景にある。CVA患者および家族の地域における尊厳ある生活を獲得するためには、発症から身体的、心理社会的リハビリテーションを経て、地域での生活の再現までの全プロセスにおいて、保健医療ソーシャルワークの介入を必要とする。

本調査は、保健医療ソーシャルワークプロセスのシームレス化をはかるため、既存のＣＶＡ地域連携クリティカルパス様式の問題点を検討し、ＣＶＡ患者が発症から一定の身体障害をかかえても障害を受容し、新たな人生・生活を生活の場である地域社会においてスタートたらしめるべく地域連携保健医療ソーシャルワークパスを実現させるための地域連携クリティカルパスのあり方を考察することを目的とする。

(2) 調査の対象および方法

１　調査対象

日本医療社会事業協会（現・日本医療社会福祉協会）会員　３００名（急性期医療機関、回復リハビリテーション期病院、療養型、老人保健施設におけるＭＳＷ）

抽出方法は、２００８年度の日本医療社会事業協会会員名簿より協会の承認を得て、無作為抽出法にもとづき抽出した。

２　調査方法

質問紙法によるアンケート調査（郵送法）にもとづいた。

集計については、統計解析を用いた。統計解析としては、百分率の差の検定法及びカイ

2乗検定法を用いた。有意水準は、P＝0・05と定めた（有田清三郎　1992）。

3　調査実施期間

２００９年9月15日から10月15日

4　調査内容

調査対象者の属性（取得資格、機能別所属医療機関、CVA患者への医療やMSWの介入状況等）を整理した上で、現在活用中のCVA地域連携クリティカルパス様式、所属機関、連携先機関、連携先機関のソーシャルワーカーの各問題点について明らかにし、また、CVA地域連携保健医療ソーシャルワークパス様式の必要性に関する意見を問うた。その上で、医療法の改正により、医療機関の機能分化がもたらしたCVA患者の保健医療ソーシャルワークパスの分断化からシームレス化に向けた、CVA地域連携クリティカルパス様式に盛り込むべき項目を検討した。

(3)　調査結果の分析と考察

調査結果については以下のとおりであった。

1　回収率

１１３名回収（有効回答数１１１名）

回収率：37・７％〈有効回収率37・３％〉であった。

２　調査対象者の属性

回答者の取得資格の内訳は、〈表：４－１、表４－２〉であり、社会福祉士資格保持者が82％を占め、複数資格保持者は、84・７％であった。また、調査対象者の中で、Ｅ：その他の１名以外はなんらかの社会福祉の専門資格を有し、ほぼすべての調査対象者が社会福祉専門職であった。

＊調査対象者の所属機関は、急性期医療機関が71・２％、急性期医療機関と他機能医療機関との複数機能を持つ医療機関は15・３％であり、86・５％の調査対象者が急性期医療を担う医療機関に属していた。〈図：32、表５〉

＊ＭＳＷの所属する医療機関の87・４％がＣＶＡの医療に携わっていた。また、ＣＶＡの医療を行っている87・４％の医療機関の中で、ＣＶＡ地域連携クリティカルパスの取り組みを行っている医療機関は、55％〈61名〉、その中で、ＣＶＡ地域連携クリティカルパスに介入しているＭＳＷは、45・９％〈51名〉であった。〈図：33〉

３　現在活用中のＣＶＡ地域連携クリティカルパス様式の問題点について

＊現在活用中の様式について、問題点ありと答えたものは70％〈68・６％〉近くを占め〈表：６〉、問題点としては、

〈表：4-1〉

取得資格の内訳

取得資格内訳	人数	%
社会福祉士	91	82.0
精神保健福祉士	37	33.3
介護支援専門員	80	72.1
社会福祉主事任用資格	66	59.5
その他	13	11.7

（調査対象：111名、複数回答あり）

〈表：4-2〉

取得資格数の内訳

取得資格数　1個									
A	11	B	0	C	2	D	3	E	1
取得資格数　2個									
AB	4	AC	13	AD	6	AE	1	BC	1
BD	0	BE	0	CD	6	CE	1	DE	2
取得資格数　3個									
ABC	10	ABD	3	ABE	0	ACD	23	ACE	1
ADE	0	BCD	3	BCE	0	BDE	0	CDE	1
取得資格数　4個以上									
ABCD	13	ACDE	3	ABCDE	3				

A：社会福祉士、B：精神保健福祉士、C：介護支援専門員
D：社会福祉主事任用資格、E：その他

調査対象者の所属機関

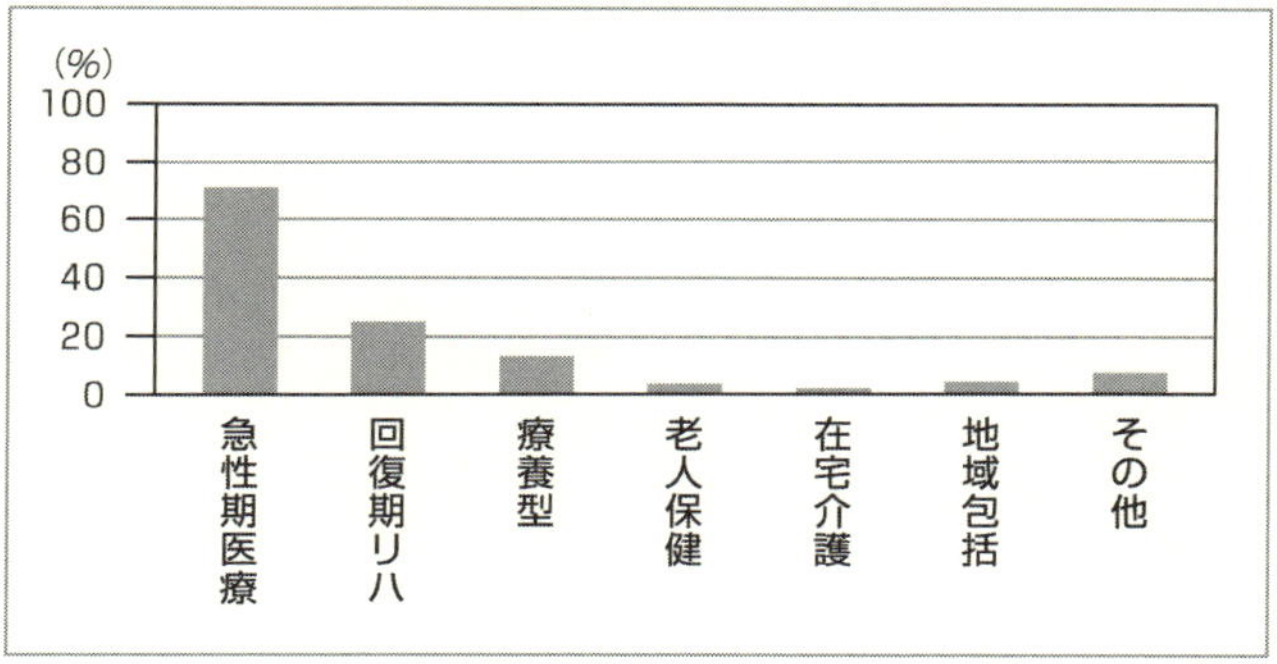

〈図：32〉

〈表：5〉

調査対象者の所属機関機能の内訳

1機能を有する施設									
A	93	B	9	C	4	D	3	E	1
F	3	G	5						
2機能を有する施設									
AB	7	AC	1	AE	1	AG	1	BC	4
3機能を有する施設									
ABC	4	ABF	1	BCG	1				
4機能以上を有する施設									
ABCG	1	ABDF	1						

A：急性期医療機関、B：回復期リハビリテーション病院
C：療養型、D：老人保健施設、E：在宅介護支援センター
F：地域包括支援センター、G：その他

A：心理社会的情報項目が不十分である
B：ソーシャルワークプランについて記入する項
　目がない
　が多くを占めており〈表：6〉、現在活用中の様式が、身体的治療を優先としたパス様式であることが明らかとなった。〈図：34〉
　以下は、機能分化された医療機関間での連携に際する問題点についての、CVA地域連携クリティカルパスに介入しているMSWによる回答結果である。

脳血管障害患者に対する医療実施状況

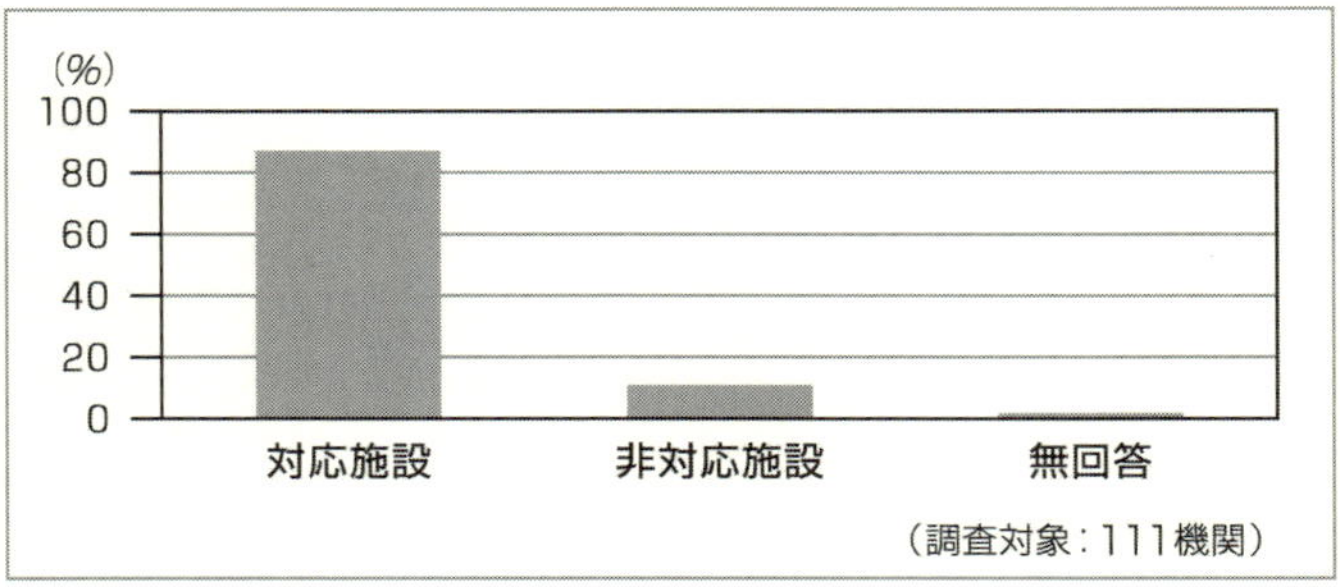

〈図：33〉

〈表：6〉

現在活用中の地域連携クリティカルパス様式の問題点

問題点あり	問題点なし
35機関	16機関

何らかの問題点を抱えている機関の割合　68.6％

（CVA患者の地域連携クリティカルパスに関わっている51機関を対象）

現在活用中の地域連携クリティカルパス様式の問題点の内訳

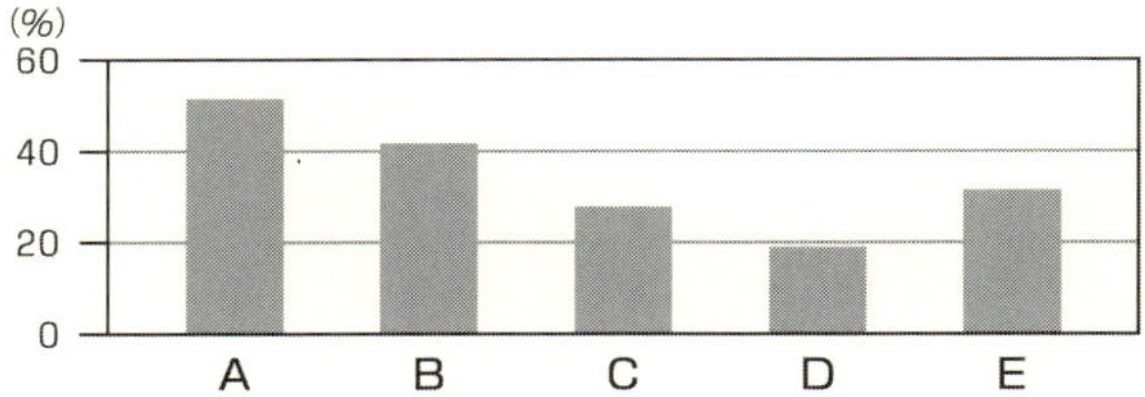

A：心理社会的情報項目が不十分である
B：ソーシャルワークプランについて記入する項目がない
C：クライエントの活用可能な社会資源についての情報が不足している
D：その他
E：問題点はない

（CVA患者の地域連携クリティカルパスに関わっている51機関を対象、複数回答あり）

〈図：34〉

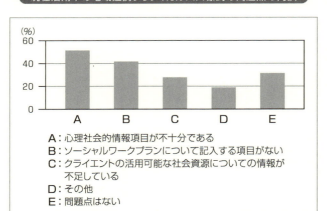

―所属機関のＣＶＡ地域連携クリティカルパスに関する問題点について―

＊ＣＶＡ地域連携クリティカルパスを行っている所属機関の問題点については、チームワーク等において少し問題がみられたものの、ほとんどなかった。〈表：7、図：35〉

―連携先機関のＣＶＡ地域連携クリティカルパスに関する問題点について―

＊半数以上（56・9％）が問題点をかかえており、連携先機関にソーシャルワークの専門性（知識・価値・倫理）を持つソーシャルワーカーが必ずしもいるとは限らない、理念（ＣＶＡ患者の生存・生活権保障を地域の保健医療・福祉機関のコラボレーションの下に推進する）の共有化が図れない等、ソーシャルワークの専門性の共有化の点においての課題が明らかとなった。〈表：8、図：36〉

―ＣＶＡ地域連携クリティカルパス連携先機関のソーシャルワーカーに関する問題点について―

＊問題点を指摘した回答者は、31・4％と少数ではあったが、ソーシャルワーク面での情報交換がうまくいっていない、ソーシャルワークの専門性や理念の共有化が困難であることの指摘があった。〈表：9、図：37〉

〈表：7〉

地域連携クリティカルパスに関する所属機関の問題点

問題点あり	問題点なし
19機関	32機関

何らかの問題点を抱えている機関の割合　37.3%

（CVA患者の地域連携クリティカルパスに関わっている51機関を対象）

地域連携クリティカルパスに関する所属機関の問題点の内訳

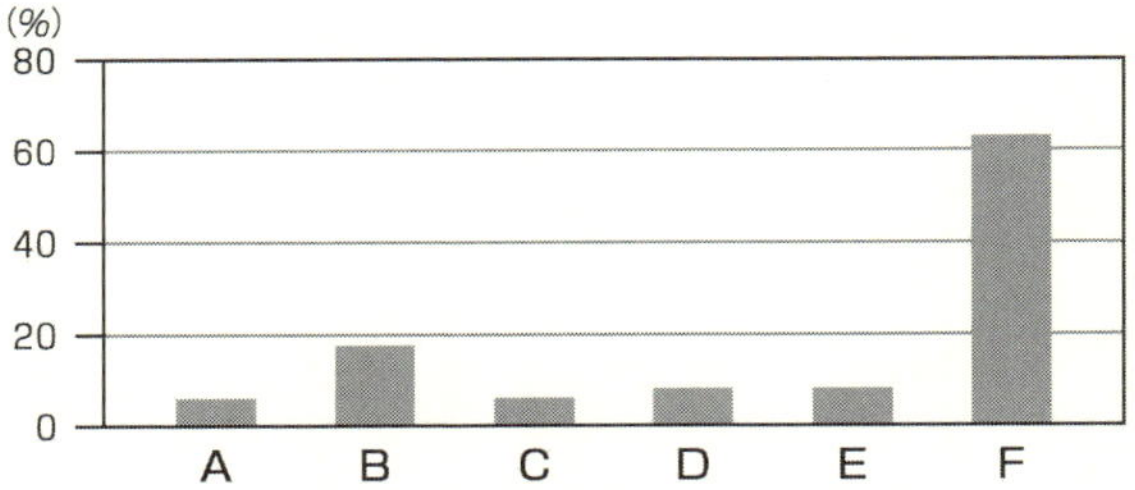

A：所属機関の地域連携に対する活動そのものが消極的である
B：所属機関内のCVA患者の地域連携クリティカルパスを進めていく上でのチームワークがスムーズでない
C：他の医療スタッフの医療ソーシャルワークへの理解が乏しい
D：他の医療スタッフは患者の身体的治療経緯しか見ていない
E：その他
F：問題点はない

（CVA患者の地域連携クリティカルパスに関わっている51機関を対象、複数回答あり）

〈図：35〉

〈表：8〉

地域連携クリティカルパスに関する連携先機関の問題点

問題点あり	問題点なし
29機関	22機関

何らかの問題点を抱えている機関の割合　56.9%

（CVA患者の地域連携クリティカルパスに関わっている51機関を対象）

X^2 検定（P=0.5103、有意差なし）
フィッシャー正確確率法（P=0.50464、有意差なし）

＊なお、アンケートの回答欄、Dの（　）内に特になし、問題なしと示されたもの及びABCDとも空欄のものを「問題なし」とした。

地域連携クリティカルパスに関する連携先機関の問題点の内訳

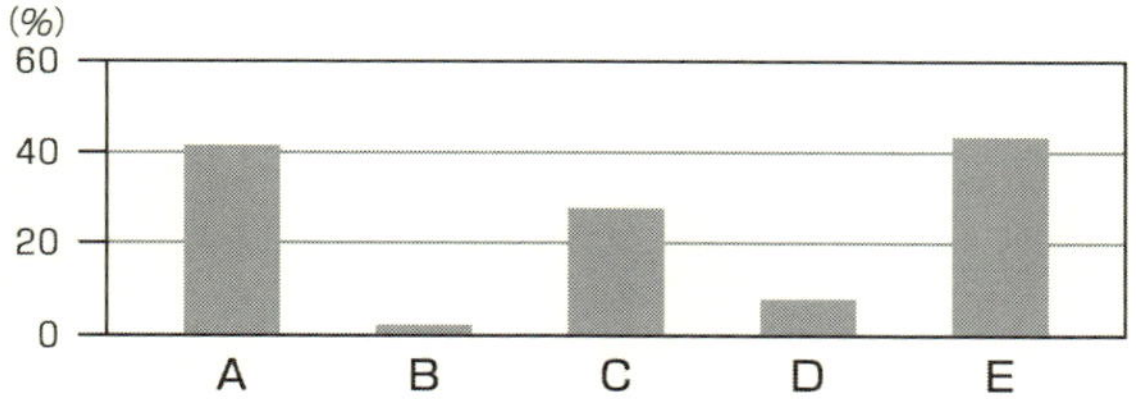

A：ソーシャルワークの専門性（知識・価値・倫理）を持つソーシャルワーカーが必ずしもいるとは限らない
B：身体的情報以外の情報を必要としない
C：理念（CVA患者の生存・生活権保障を地域の保健医療・福祉機関のコラボレーションの下に推進する）の共有化が図れない
D：その他
E：問題点はない

（CVA患者の地域連携クリティカルパスに関わっている51機関を対象、複数回答あり）

〈図：36〉

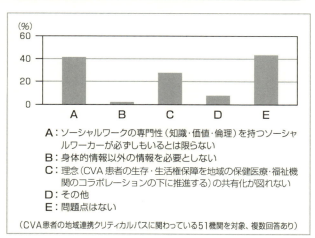

〈表：9〉

地域連携クリティカルパスに関する連携機関の
ソーシャルワーカーの問題点

問題点あり	問題点なし
16機関	35機関

何らかの問題点を抱えている機関の割合　31.4%

（CVA患者の地域連携クリティカルパスに関わっている51機関を対象）

X^2 検定（P=0.3465、有意差なし）
フィッシャー正確確率法（P=0.503、有意差なし）

*なお、アンケートの回答欄、Dの（　）内に特になし、問題なしと示されたもの及びABCDとも空欄のものを「問題なし」とした。

地域連携クリティカルパスに関する連携機関の
ソーシャルワーカーの問題点の内訳

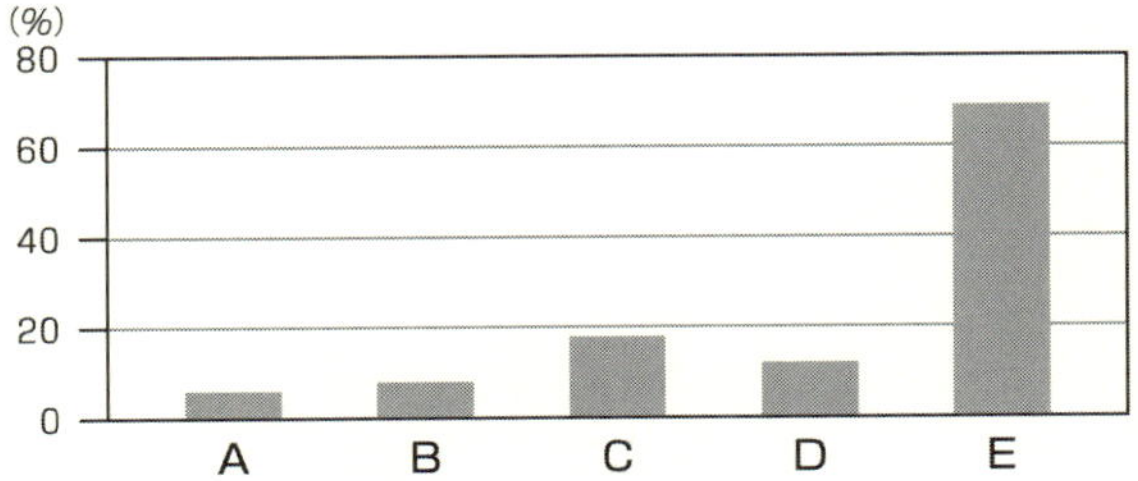

A：ソーシャル面での情報を必要としない
B：ソーシャルワーカーの専門性を有していない
C：CVA患者の生存・生活権保障に基づく援助の視点を共有できない
D：その他
E：問題点はない

（CVA患者の地域連携クリティカルパスに関わっている51機関を対象、複数回答あり）

〈図：37〉

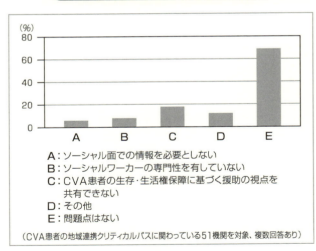

—ＣＶＡ地域連携ソーシャルワークパス様式の必要性に関する意見について—

＊ＣＶＡ地域連携クリティカルパスに介入しているＭＳＷに対して、既存のＣＶＡ地域連携クリティカルパス様式以外に、ソーシャルワーク独自の地域連携ソーシャルワークパス様式の必要性についての質問に対しては、〈表：10〉の回答が得られた。急性期病院とそれ以外の回復期リハビリテーション病院、療養型、老人保健施設等において有意な差は見られなかった。また自由回答として、独自のパス様式の必要性は感じるが、多忙な業務の現状から今以上に業務を増やすことは困難であり、独自のパス様式を作成することは難しいといった意見が数名見られた。独自のソーシャルワークパス様式を設けるより、既存の地域連携クリティカルパスへのソーシャルワークパスにつながる項目を追加することが、連携機関のソーシャルワーカーのみでなく他のスタッフへの情報提供につながり、連携機関の他の専門職との協働にもつながるとの考えがうかがわれた。

〈表：10〉

地域連携医療ソーシャルワークパス様式の必要性

	必要	不要	計
急性期	13	16	29
その他	6	14	20

（有効調査対象：49件、2件無回答）

P＞0.05, χ^2−test

急性期：急性期医療の専門病院

—あるべき地域連携クリティカルパスの構築にむけた、ＣＶＡ地域連携クリティカルパス様式に盛り込むべき項目について—

地域連携医療ソーシャルワークパス様式に求める内容

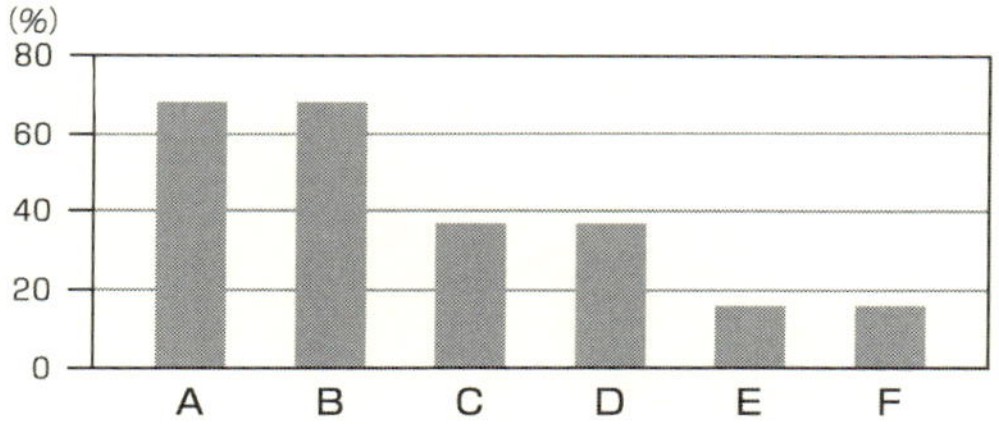

A：ソーシャルワーカーによるアセスメントに基づいたクライエントの課題
B：クライエントの心理社会的状況
C：クライエントの活用可能な社会資源
D：短期的ゴールと長期的ゴールを設定したソーシャルワークプラン
E：クライエントに関する今後の情報交換の方法
F：その他

（地域連携医療ソーシャルワークパス様式を必要と回答した19件を対象、複数回答あり）

〈図：38〉

＊ＣＶＡ患者の保健医療ソーシャルワークの分断化からシームレス化への実現に向けて、既存のＣＶＡクリティカルパス様式ないしは地域連携医療ソーシャルワークパス様式にかかわらず、パス様式の中に盛り込まれるべき項目についての回答のうち、68・4％を占めているＡ（ソーシャルワーカーによるアセスメントに基づいたクライエントの課題）およびＢ（クライエントの心理社会的状況）は、ソーシャルワーク援助の機軸となる専門性に裏打ちされた情報であり、ＣＶＡ患者の保健医療ソーシャルワークプロセスを継続化させる上で、必要不可欠な情報でもある。現時点でその部分が不十分であることも明確になった。〈図：38〉

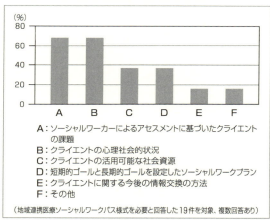

以下〈図：39〉に本調査の結果の経緯を示した。

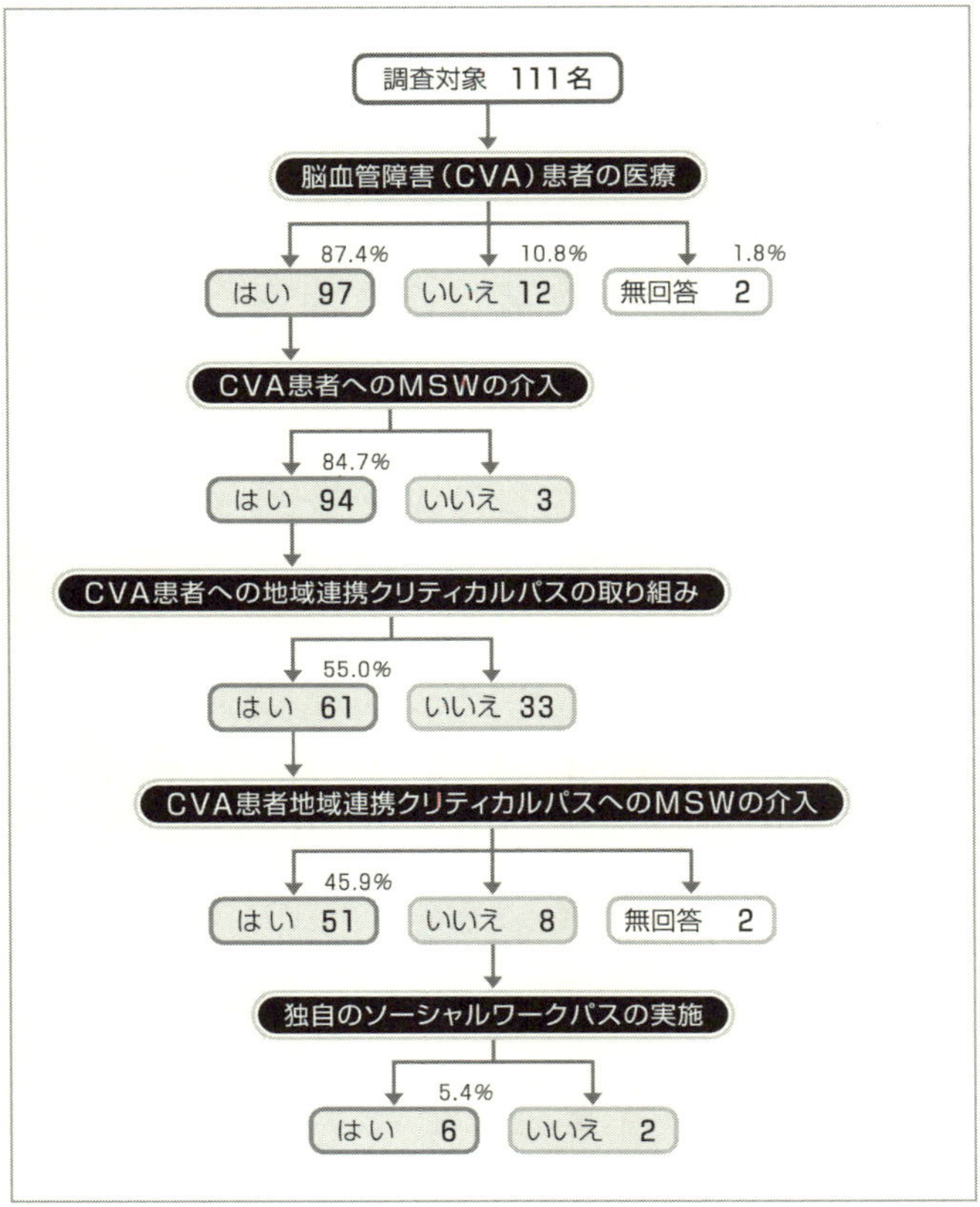

〈図：39〉調査結果の流れ

(5) 結論および考察

第5次医療法改正のもとにCVA患者の保健医療ソーシャルワークプロセスの分断化が加速し、地域連携クリティカルパスへのMSWの参加もまた当然のこととなった。しかしながら、本調査を通して医療機関の機能分化後の地域医療機関間での医療連携を目的とするCVA地域連携クリティカルパス様式は、身体的治療を主軸とするものであり、分断化されたソーシャルワークをシームレス化するものとしては、いくつかの課題を含んでいる。

①CVAの医療に携わっているものの、現時点(2009年)においては地域連携クリティカルパスへの取り組みがすべての地域、医療機関間には浸透してはいない。

②MSWが所属する医療機関においてCVA地域連携クリティカルパスの実施がすでになされている場合であっても、MSWがチームの一員に入っていない医療機関がある。

③現在多くの地域で活用されているCVA地域連携クリティカルパス様式は、身体的治療、リハビリテーション治療のシームレス化を図ることを第一の目的として作成されており、ソーシャルワークの専門性に立ったアセスメントに基づく患者の心理社会的情報を継続していく項目の盛り込みが不十分である。

④機能分化後のそれぞれの医療機関へのソーシャルワーク間での連携を行うにあたり、それぞれの機関にソーシャルワークの専門性を有し、CVA患者の生存・生活権保障

を担う視点を共有できるソーシャルワーカーが必ずしも配属されているとは限らない。

以上の課題を解決し、現在の保健医療・福祉政策の下で、CVA患者の生存・生活権保障の確保をめざした保健医療ソーシャルワークのシームレス化に向けて、つぎのような点を必要とすると考える。

①各保健・医療・福祉機関にあっては、ソーシャルワークの専門性（価値・倫理、知識、技術）を身につけたMSWの配属が基本であり、かつ必要不可欠である。

②機関内・外において、ソーシャルワークの専門性と役割の理解を得て、ソーシャルワーカーがCVA患者の地域医療連携チームの重要な一員であることを周知する。その上で、各保健医療・福祉機関のソーシャルワーカーは、地域連携クリティカルパスのスタッフメンバーとして、連絡調整会議、パスツールの改善検討プロジェクトの一員として参加することはもちろん、チーム内において、地域連携クリティカルパスのチームリーダーが医師であるならば、コーディネーターとしての役割を担っていくべきである。

③地域のソーシャルワーカーが協働して作成した地域連携ソーシャルワークパス様式を活用する。この作成においては、地域連携クリティカルパス作成手順を基本とする。

④地域連携ソーシャルワークパスは、地域連携クリティカルパス様式以外に独自に作成

するという考えもあるが、それよりはむしろ地域連携クリティカルパス様式にソーシャルバックグラウンドの項目や、ソーシャルワークプランの項目を挿入し、地域連携クリティカルパスの中地域連携ソーシャルワークパスが内包された様式の構築が望ましい。そのことにより、あくまでも地域連携クリティカルパスと連動して展開されるべきである。

4．ＣＶＡ保健医療ソーシャルワークのシームレス化に向けたシステム構築の構成要素
―保健医療・福祉政策の展開を射程において　調査⑥―

⑴　調査の背景と目的

これまで本論で述べてきたように、介護保険法や障害者自立支援法の導入、相次ぐ医療法の改正、特に２００１年の第４次医療法改正および２００７年の第５次医療法改正が、医療機関の機能分化を起こし、ＣＶＡ患者への保健医療ソーシャルワークプロセスの中断化・分断化をもたらした。このことは、ＣＶＡ患者の保健医療ソーシャルワークの目的であるＣＶＡ患者の地域での生存・生活権保障に基づいた生活の継続への援助を困難なもの

にしている。
介護保険制度の導入は、保健医療ソーシャルワークプロセスのインターヴェンションの段階での環境調整に向けての援助が、これまで関わってきたソーシャルワーカーから介護支援専門員へとバトンタッチされた。これまでの一人のソーシャルワーカーによる援助の中断化が起きた。[1]
また相次ぐ医療法の改正、特に第3次医療法改正以降は、特に第4次・第5次医療法改正では、医療機関の機能分化がなされた。それゆえCVA患者は、急性期から社会的リハビリテーション期の医療を受ける場が、その身体的状況に応じ、それぞれの時期の目的に応じた機関に移動しなければならなくなり、CVA患者の医療機関の「乗り継ぎ現象」が生じた。[2・3]
このことは、患者の生存・生活権保障の上に立った治療と生活を保障していくことを目的とした保健医療ソーシャルワークの本質が問われる事態であると言っても過言ではない。
そのような中、2000年以降の保健医療・福祉政策の変革により医療機関の機能分化が起こり、医療（身体的治療を中心とした）の分断化からシームレス化に向けた地域医療機関間の連携が図られ、そこでのMSWの機能・役割について確認され、活動の成果を上げている。本調査の目的は、そのことの具現化に向けて保健医療ソーシャルワークプロセスのシームレス化に資する構成要素について必要な知見を「連携システムのあり方」と「CVA保健医療ソーシャルワークパスツール」の試案の提示をもとに得ることにある。

調査に先立ち、以下の先行研究を行った。

(2) 先行研究

相次ぐ医療法の改正に伴い医療機関の機能分化がなされたことにより、地域の医療機関間では各医療機関間の連携による「効率的な医療体制の構築」をめざした医療機関の連携システムの構築が推し進められている。具体的には「CVA地域連携クリティカルパス」[4]の運用である。そしてそこにおけるMSW（但し、本節においては医療機関以外のケアマネージャーや施設、地域包括支援センターのソーシャルワーカーは、ソーシャルワーカーと記す）の役割、機能ついて上原正希らは、「疾患患者より生活者」としての視点からの退院調整と、福祉分野との連携を含めた「地域医療福祉連携」の構築の担い手であるとしている。[5]また松岡は、「医療ソーシャルワーカーの業務指針」において「連携」そのものがMSWの業務と提示されているとし、MSWを連携の専門職であるという視点から、某医療機関での地域医療連携におけるMSWの取り組みを検討し、MSWの地域連携に関わる意義を地域連携活動の質の向上および連携強化にあるとした。[6]

以上から、ソーシャルワークプロセスの連続性に向けての先行研究は見られなかった。

(3) 調査の対象および方法

1　調査対象

①CVA地域連携クリティカパスを実施している3箇所の医療機関（急性期、中間期リハビリテーション、療養型）の保健医療ソーシャルワーカー（以下MSWと略す）（3医療機関：A・B・C医療機関の3名）

②CVA患者の医療を中心とした急性期、回復リハビリテーション期の病院で、CVA地域連携クリティカルパスの実施は行っていない1医療機関のMSW（1医療機関：D医療機関の2名）

＊選定方針：

日本医療福祉協会会員のうち、先行研究のレビューを通じて得た情報などをもとに、上記①②の区分に該当する医療機関に所属しているMSWを選定し、協力を打診して同意の得られた者を対象とした。

2　調査方法

インタヴュー調査を実施し、結果の分析に基づき、連携システムの構築とCVA保健医療ソーシャルワークパスツールについての考察を行った。

３　調査期間

２０１２年９月９日から10月28日

４　インタヴュー項目

①ＣＶＡ地域連携クリティカルパスの現状と課題について（保健医療ソーシャルワークパスの視点から）

②保健医療ソーシャルワークプロセスのシームレス化に向けた、パスシートに必要とされる項目について

③保健医療ソーシャルワークパスの実現に向けた、地域連携システムの構築に関する必要条件について

５　集計・分析方法

質的統合法を用いた。質的統合法とは、質的データを統合し、現象の全体像を把握するための方法論である。バラバラな定性的データを組み立てて全体像を得ると同時にこれを累積的に使用することにより問題が解決できるという方法である。質的統合法は、現場から取材したバラバラな断片情報を論理的整合性をもった統一体として全体像を表すことを可能にする。取材を通じて入手したデータからラベルを作り、それらを広げて３～４回読

み進め、「場の全体感」を醸成する。この「場の全体感」が形成されると、取材対象となった現象の「全体の姿」が一側面に顕示されて、個々のラベルに潜在的に反映され始める。ゆえに、いくつかのデータを集約することで、そこに映り込んでいる現象の一側面から「全体の姿」がおのずと浮上する。[7]

本研究では、この質的統合法の方法に従い、インタヴュー調査で入手したデータからラベルを作り、取材対象となった現象の「全体の姿」を把握し、ラベルのデータのカテゴリー化を行い、カテゴリー間の関係性を読み取り、全容図を作成し、叙述化した。

(4) 倫理的配慮について

本研究は、新潟医療福祉大学倫理審査委員会の承認を得て実施した（承認番号：１７３４３）。

インタヴュー調査の対象者に対して、文書での研究目的、方法、個人が固定されないこと、データは研究対象以外に使用しないこと、参加は自由であり、参加しなかったことによるデメリットはないことを文書で説明し、回答をもって同意したとみなした。

(5) 結果

1．各調査対象者の属性について〈表：11〉のとおりである。

〈表：11〉調査対象の属性

	A医療機関	B医療機関	C医療機関	D医療機関
機　能	急性期・回復期リハビリテーション	急性期・回復期リハビリテーション・療養型（施設完結型）	急性期・回復期リハビリテーション	急性期・回復期リハビリテーション
ＣＶＡ地域連携クリティカルパスの実施状況	２００７年より実施	２００７年より実施	２００７年より実施	実施していない
ＣＶＡ地域連携クリティカルパスへのＭＳＷの参加状況	２００７年開始当初より参加	２００７年開始当初より参加	２００７年開始当初より参加	

2．以下〈表：12〉及び〈表：13〉は保健医療ソーシャルワークパスの視点からのＣＶＡ地域連携クリティカルパスの現状と課題である。

〈表：12〉CVA地域連携クリティカルパスの現状について

A・B・C医療機関	D医療機関
CVA地域連携クリティカルパスを実施している	CVA地域連携クリティカルパスを実施していない
＊CVA地域連携クリティカルパスシートのMSW記入欄についての作成を行った。 ＊CVA地域連携クリティカルパスシートの内容の改正は数回現在（2013年）までに行っているが、MSWの記入欄の改正は行われていない。〈改正の必要性がないことより〉⇒CVA地域連携クリティカルパスシートにより、CVA保健医療ソーシャルワークパスが行われているわけではないため。 ＊同医療機関内での急性期から回復期リハビリテーションへのパスは、口頭、カンファレンス、同機関内でのパスシートにて、スムーズな連携が成り立っている。 ＊他の医療機関、施設、ケアマネージャーとの保健医療ソーシャルワークパスは、CVA地域連携クリティカルパスシートと顔合わせによる口頭、FAX、カンファレンス、介護支援連携ツール、文書により行っている。	＊同医療機関内での急性期から回復期リハビリテーションへのパスは、口頭で行っている。 ＊他の医療機関の急性期からの転院、他の医療機関療養型への転院の際は、MSWがこちらから転院の前に何度か先方の医療機関に足を運び、先方のMSWからの情報収集と、患者やその家族との事前面接を行っている。 ＊D医療機関は限られた地域に根ざした医療機関であるため、地域や地域住民の顔、生活を把握しており、患者が他の医療機関に転院後もD医療機関のMSWに福祉課題について相談に訪れるという構図ができている。

〈表：13〉CVA地域連携クリティカルパスの課題について

<table>
<tr><th>A・B・C医療機関</th><th>D医療機関</th></tr>
<tr><td colspan="2">＊ケアマネージャーへのバトンタッチがスムーズにいかない。
⇒ケアマネージャーは、基本資格として医療職（特に看護職）が多く、ソーシャルワークの視点やソーシャルワークの支援プロセス、その継続を依頼することが難しい。
＊療養型への転院の際、療養型にＭＳＷがいないことが多々あり、ソーシャルワークの視点やソーシャルワークの支援プロセス、その継続を依頼することが難しい。</td></tr>
<tr><td>＊ＣＶＡ地域連携クリティカルパス様式の記入欄の分量が、現状では不十分ということで、今以上に増えることになれば業務量が増え、かなり負担となる。
＊ＭＳＷは各医療機関への橋渡しは行えているが、ソーシャルワークプロセスのバトンタッチは行えているとは言いがたい。
＊連携先の他のスタッフ、特に医師がＭＳＷの情報をどのように理解し、活用しているかがつかめない。</td><td>＊他の医療機関とのソーシャルワークプロセスの連携はできておらず、Ｄ医療機関で完結してしまっている。</td></tr>
</table>

3.〈表：14〉は、CVA地域連携ソーシャルワークパス様式の内容について示したものである。

〈表：14〉CVA地域連携ソーシャルワークパス様式の内容

分量	A4、2ページ以内
項目	＊ソーシャルバックグラウンド ＊アセスメント ＊医療保険・年金状況 ＊疾病、障害に対する理解や受容の状況 ＊ソーシャルワークの支援状況と引継ぎを必要とする支援内容 ＊潜在的なものも含めた生活ニーズ ＊社会資源の活用状況と活用可能な社会資源情報

4.〈表：15〉はCVA地域連携ソーシャルワークパスのシステム構築の構成要素について示している。

〈表：15〉 CVA地域連携ソーシャルワークパスのシステム構築の構成要素

MSWの所属機関において	〈理念〉 ＊地域医療、福祉に焦点をおいた医療機関のミッションや理念 〈理解〉 ＊MSWの業務に対する理解 ＊MSWの専門性に対する理解 〈協働〉 ＊相互の専門性や業務理解の上に立った医療スタッフのチームワーク
地域において	〈専門性の共有〉 ＊ソーシャルワークの専門性の共有 ＊地域、地域住民、地域住民の生活ニーズの共通理解 〈関係性〉 ＊ソーシャルワーカー間の信頼関係に基づく良好な関係性 ＊カンファレンス（個別、定期的）の実施 ＊担当者会議の実施 ＊ソーシャルワーカー間での学習会、勉強会 ＊ソーシャルワーカーの中でのリーダー
その他	〈方法〉 ＊援助のオーバーラップ期間 〈手段〉 ＊ツール（様式） ＊スーパービジョン（個別、グループ） 〈スキル〉 ＊パス機関の選別の視点 ＊引継ぎのスキル ＊連携・協働のスキル

(6) 結論および考察

２０００年以降のわが国の保健医療・福祉改革は、医療機関の機能分化を生じ、ＣＶＡ

患者の保健医療ソーシャルワークプロセスの中断化、分断化が生じた。医療のシームレス化に向けての地域連携クリティカルパスが実施され、そこへのMSWの参加がなされたが、本調査を通して、地域医療機関間での医療連携を目的とするCVA地域連携クリティカルパスは、身体的治療を主軸とするものであり、中断化、分断化されたソーシャルワークをシームレス化するものとしては、以下3点の課題を含んでいることが明らかとなった。

A．2012年の時点で、CVAの医療に携わっている地域、医療機関間での地域連携クリティカルパスへの取り組みは、すべて浸透してはいない。

B．現在活用されているCVA地域連携クリティカルパス様式は、身体的治療、リハビリテーション治療のシームレス化を図ることを第一の目的として作成されており、ソーシャルワークの専門性に立ったアセスメントに基づく患者の心理・社会的情報を継続していく項目の盛り込みが不十分である等、保健医療ソーシャルワークのシームレス化に向けては不十分である。

C．医療機関の機能分化後、それぞれの機関にソーシャルワークの専門性を有し、CVA患者の生存・生活権保障を担う視点を共有できるソーシャルワーカーが、必ずしも配属されているとは限らない。特に回復期リハビリテーション病院から療養型へ、また地域のケアマネージャーへのバトンタッチがスムーズにいかない場合が多い。

以上の課題を解決し、保健医療ソーシャルワークのシームレス化の実現に向けては以下の点が必要であると考える。

(ア) 各保健医療・福祉機関にあっては、ソーシャルワークの専門性（価値・倫理、知識、技術）を身につけたＭＳＷの配属が必要不可欠である。

(イ) 各保健医療・福祉機関内・外において、ソーシャルワークの専門性と役割の理解を得て、ＭＳＷがＣＶＡ患者の地域医療連携チームの重要な一員であることを周知されていることが必要である。その上で、ＭＳＷやその他機関のソーシャルワーカーは、地域連携クリティカルパスのスタッフメンバーとして、連絡調整会議、パスツールの改善検討プロジェクトに参加することはもちろん、チーム内において、地域連携クリティカルパスのチームリーダーが医師であるならば、ＭＳＷは、コーディネーターとしての役割を担っていく必要がある。

(ウ) 地域のソーシャルワーカーが協働して作成した地域連携ソーシャルワークパス様式を活用する。しかし様式の分量は、ＭＳＷの現在の業務の全体量からみて新たな業務の負担を負わせることになるため、最大Ａ４で２枚である。その様式について〈図：40〉で試案を示す。

(エ) 連携ツールはパス様式だけでなく、ＭＳＷ、ソーシャルワーカー間の信頼関係に基

クライエント名:　　　　担当S.W.:

1.機関の基本情報

①機関名:

②機関の機能:

③機関の住所:
TEL/FAX:
e-mail:

④その他:

2.クライエント情報

A.身体状況
①病名:　②障害名:
③発症年月日:　④当機関入院日:
⑤治療経過:

B.心理・社会的状況:
①氏名:
②生年月日:
③住所:
TEL/FAX
④住環境(地域性):
⑤家屋状況:
⑥医療保険区分:
⑦年金の受給状況:

⑧⑥、⑦以外の経済状況:

⑨社会資源の活用状況:

⑩社会資源の活用予定:

⑪生活ニーズ(潜在的なものを含めて):

No.1

<ファミリーマップ>

<エコマップ>

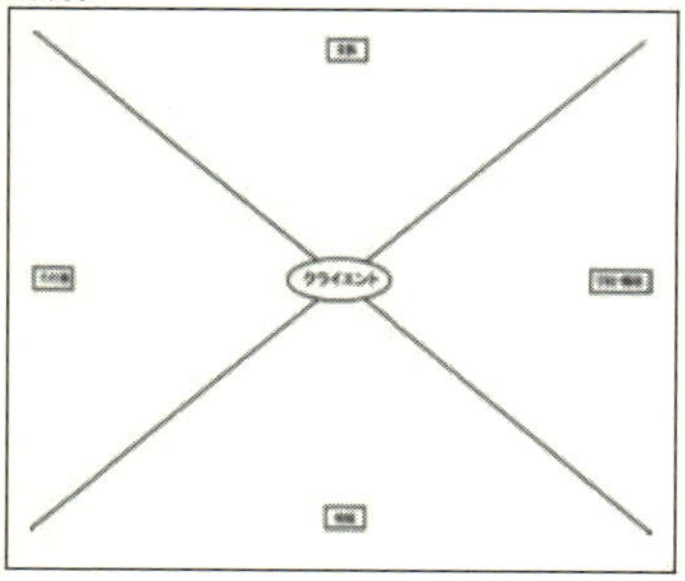

3. ソーシャルワーク援助情報

①前機関からの引継ぎ内容

②当機関での援助経過

③今後の援助課題

No.2

〈図：40〉CVA 地域連携ソーシャルワークパス様式（試案）

づく良好な関係性の形成、カンファレンス（個別、定期的）の実施、担当者会議の実施、学習会、勉強会を通して、顔の見える関係作りの中で、電話やＦＡＸ、あるいは直接顔をあわせての情報交換、情報共有が必要である。

(オ) ＭＳＷ、ソーシャルワーカー間での連携・協働のスキル、援助の引継ぎ期間が必要である。

(カ) スーパービジョン（個別、グループ）が必要である。

(キ) パス機関の選別の視点が必要である。

(ク) 地域におけるソーシャルワーカー間の共有すべきこととして、以下のことが必要である。

＊ソーシャルワークの専門性、価値、倫理
＊地域、地域住民、地域住民の生活ニーズの共通理解
＊ソーシャルワーカー間の信頼関係に基づく良好な関係性
＊カンファレンス（個別、定期的）の実施
＊担当者会議の実施
＊ソーシャルワーカー間での学習会、勉強会
＊ソーシャルワーカーの中でのリーダー

(7) 本調査研究の限界と課題

ＣＶＡ患者の地域連携クリティカルパスにより、医療の連携が図られようとしている中、保健医療ソーシャルワークの連携、そして支援の継続を通して、ＣＶＡ患者の発症から治療、身体的、心理・社会的リハビリテーション、そして地域社会での生活の主体者としての生存・生活権獲得をめざすことこそ、保健医療・福祉政策の展開の中でのＣＶＡ保健医療ソーシャルワークの課題である。本研究では、ＣＶＡ患者の保健医療ソーシャルワークのシームレス化の実現に向け、地域での保健医療・福祉機関施設間での連携のあり方とツールとしてのＣＶＡ地域連携保健医療ソーシャルワークパス様式の提案を行った。この具現化をどのように図り推し進めていくか。また具現化の結果、地域での保健医療・福祉機関及び施設においてＣＶＡ患者の保健医療ソーシャルワークのシームレス化を可能ならしめるか、今後の本研究の方向性としてモデル地区を据え、実証的研究が必要であると考える。

また、昨今のわが国の社会福祉基礎構造改革、医療制度改革は、ＣＶＡ患者への保健医療ソーシャルワークのあり方に課題を投げかけ、保健医療の場で、生活課題を抱える人々の生存・生活権を保障するべく援助の提供が遮断される事態に瀕している。

このような事態は、ＣＶＡ患者の保健医療ソーシャルワークがきわめて重要な時期に瀕していると認識すべきである。そして、ＣＶＡ患者の保健医療ソーシャルワークのみではなく、保健医療の領域における社会福祉実践の本質を見直し、保健医療ソーシャルワークが疾病や障害を抱えることにより複雑かつ多様な生活課題を抱えることになった人々の生命と生活に立脚しつつ、その生活におけるニーズ、医療におけるニーズをいかに保障し実現するかにむけて展開される重要な実践活動であることを再認識しなければならない。

さらにＭＳＷの社会的位置は、国の政策と生活の主体者である患者とその家族の生活および医療に関するニーズが相容れない保健医療の現場においても、定められた政策の中での規制に対抗して、患者や家族の生命、生活と権利を守る運動・実践に依拠しつつ、生存・生活権保障としての社会福祉の豊かな発展を遂げていくものでなければならない。そのためには、当然技術論的視点からの整理が必要であることは言うまでもないが、政策論的観点からの保健医療ソーシャルワークのあり方に関する検討を行い、両者の統合的視点の下で、現在のそして今後の保健医療ソーシャルワークのあり方を検討すべきであると考える。

注：

1　安井豊子「医療ソーシャルワークプロセスの分断化から連続性に向けて―昨今の医療・福祉政策の

展開を射程において―」皇學館大学社会福祉学部紀要　第10号・２００８
２　安井豊子「ＣＶＡ患者の医療ソーシャルワークプロセスのシームレス化に関する一考察―ＭＳＷの地域連携クリティカルパス介入状況調査を通して―」敬和学園大学紀要　第19号・２０１０
３　安井豊子「ＣＶＡ患者の保健医療ソーシャルワーク援助過程の連続性確保に向けて―ＭＳＷのＣＶＡ地域連携クリティカルパスへの介入の視点から―」日本医療社会事業協会発行「医療と福祉」No.88 Vol.44・No.1・2010
４　「脳卒中リハビリテーション連携パス―基本と実践のポイント―」日本リハビリテーション医学会診療ガイドライン委員会、リハビリテーション連携パス策定委員会編集・医学書院・２００７
５　上原正希、清治智樹、川崎智恵「医療現場における社会福祉援助技術のあり方についての一考察―地域連携機能の枠組み強化への予備的研究―」新潟青陵大学紀要　第８号・２００８
６　松岡邦彦「ネットワーク型医療における地域医療連携マネジメント―地域医療連携におけるＭＳＷの役割から考える」兵庫県立大学大学院経営研究科発行「商大ビジネスレビュー」第２巻第１号・２０１２
７　山浦晴男著『質的統合法入門　考え方と手順』医学書院・２０１２

参考文献：

有田清三郎『医療のための統計学―データ解析の基礎と応用―』医歯薬出版・１９９２
志村健一著『ソーシャルワークリサーチの方法』相川書房・２００４
高橋都、会田薫子編著『はじめての質的研究法　医療・看護編』東京図書・２００７

立石宏昭著『社会福祉調査の進め』ミネルヴァ書房・２００５・P30
藤本俊一郎、香川労災病院『連携ネットワークの構築と脳卒中地域連携クリティカルパスの運用―香川シームレスケア研究会での取り組み―』全国ＴＶ講演会・武田薬品株式会社・２００７
日本リハビリテーション医学会診療ガイドライン委員会『脳卒中リハビリテーション連携パス―基本と実践のポイント―』リハビリテーション連携パス策定委員会編集・医学書院・２００７
大野勇夫著『新　医療福祉論』ミネルヴァ書房・１９９８
（社）日本医療社会事業協会編著『保健医療ソーシャルワーク原論』相川書房・２００１
岡村重夫『医療福祉学（各論）』柴田書店・１９６３
真田是編著『戦後日本社会福祉論争』法律文化社・１９７９
真田是編著『戦後日本社会福祉論争』（復刻版）法律文化社・２００５
大道久著『第５次医療法改正の論点と今後の展開』第34回日本医療福祉設備学会予稿集・２００５・P29
（社）日本医療社会事業協会発行『日本の医療ソーシャルワーク史』２００３
杉本照子、中島さつき『ソーシャルワークの臨床的実践』誠信書房・１９７８
加藤薗子、細川汀、真田是編著『現代医療ソーシャルワーカー論』法律文化社・１９９０
一番ヶ瀬康子、真田是編著『社会福祉論』（旧版）有斐閣・１９６９
川淵孝一著『第５次医療法改正のポイントと対応戦略60』日本医療企画出版・２００６
小島蓉子編著『社会リハビリテーション』誠信書房・１９７８
小島蓉子編著『社会リハビリテーションの実践』誠信書房・１９８３
近藤克則著『医療費抑制の時代をこえて―イギリスの医療・福祉政策』医学書院・２００４
近藤克則編著『脳卒中リハビリテーション―早期リハからケアマネージメントまで　第２版』医学書院・

2006
近藤克則著『医療・福祉マネジメント―福祉社会開発に向けて―』ミネルヴァ書房・2007
澤村誠志監修『社会リハビリテーション論』三輪書店・2005
ジョアン・オーム、ブライアン・グラストンベリー編著／日社会福祉士会監訳『ケアマネジメント』中央法規・1995
白澤政和著『ケースマネージメントの理論と実際』中央法規・1992
ステファン・M・ローズ編著／白澤政和、渡部律子、岡田進一監訳『ケースマネージメントと社会福祉』ミネルヴァ書房・1997
能智正博、川野健治編著『はじめての質的研究法　臨床・社会編』東京図書・2007

第５章　政策的展開を見据えたＣＶＡ保健医療ソーシャルワークの構築に向けて
―技術論、政策論の統合的視点から―

1．技術論、政策論的視角からの検討

本論第３章および第４章において、現在のわが国の保健医療・福祉政策のもとで展開されている保健医療ソーシャルワークの現状と課題を顕著に表している症例としてＣＶＡ患者を取り上げ、調査に基づき、その保健医療ソーシャルワークプロセスの中断化・分断化の実態を明らかにし、シームレス化に向けての検討を行った。そこでは、昨今のわが国の保健医療・福祉政策、特に２０００年以降の社会福祉基礎構造改革の具現化である介護保険制度や、医療制度改革の具現化である相次ぐ改正は、ＣＶＡ患者への保健医療ソーシャルワークのあり方に課題を投げかけ、保健医療の場で、生活課題を抱える人々の生存・生活権を保障するべく援助の提供が遮断される事態に瀕していることが明らかとなった。

具体的には、介護保険下でのＣＶＡ患者の保健医療ソーシャルワークプロセスが、インターヴェンションの環境改善において、居宅介護支援事業所の介護支援専門員が担うこととなった。また医療法の改正では、医療機関の機能分化が起こり、患者は身体的治療プロセスに沿って、医療機関を移動することになった。これらのことにより、ＣＶＡ患者の保健医療ソーシャルワークプロセスが中断化・分断化した。つまり多くのＣＶＡ患者が、これまでのように発症からリハビリテーション期を経て、地域生活に至るまでの一連の保健医療ソーシャルワーク援助を受けることが困難となった。なぜならば、機能分化された医療機関間や地域のソーシャルワーカー間での連携、あるいはソーシャルワークプロセスのシームレス化の対応は、介護保険制度の導入や医療法改正による医療機関の機能分化が行われるまでには、医療機関から地域生活への移動の際、地域への橋渡しの際等に一部行われてはいたものの、必要とされなかったものであったからである。

このことは、これまでＭＳＷがリハビリテーションチームの一員として、ＣＶＡ患者の心理・社会的リハビリテーションを担ってきた保健医療ソーシャルワークが直面した初めての大きな課題であった。また、それは保健医療ソーシャルワークの価値・倫理であるべきＣＶＡ患者の生活・生存権保障を揺るがすものでもあった。

このような事態は、ＣＶＡ患者の保健医療ソーシャルワークがきわめて重要な時期に瀕していると認識すべきである。そして、ＣＶＡ患者の保健医療ソーシャルワークのみではなく、保健医療の領域における社会福祉実践の本質を見直し、保健医療ソーシャルワークが疾病や障害を抱えることにより複雑かつ多様な生活課題を抱えることになった人々の生命と生活に立脚しつつ、その生活におけるニーズ、医療におけるニーズをいかに保障し実現するかにむけて展開される重要な実践活動であることを再認識しなければならない。さらにＭＳＷの社会的位置は、国の政策と生活の主体者である患者とその家族の生活および医療に関するニーズが相容れない保健医療の現場においても、定められた政策の中での規制に対抗して、患者や家族の生命、生活と権利を守る運動・実践に依拠しつつ、生存・生活権保障としての社会福祉の豊かな発展を遂げていくものでなければならない。そのためには、当然、技術論的視点からの整理が必要であることは言うまでもないが、これまでの技術論に傾倒してきた過去から脱却し、政策論的観点からの保健医療ソーシャルワークのあり方に関する検討を行い、両者の統合的視点の下で、現在のそして今後の保健医療ソーシャルワークあり方を検討すべきであると考える。

以上の問題意識の上に立って、以下では両者のそれぞれの今後の課題を考察する。

(1)　技術論的保健医療ソーシャルワークの視角にもとづいて

わが国の保健医療ソーシャルワークの歴史的経緯としては、技術論的立場と政策論的立場に立つ理論家間での論争が行われながらも、実践の場においては技術論に傾倒した方向をたどってきたことはすでに述べた。技術論的立場から見ると戦後の保健医療ソーシャルワークは、今日まで大きな発展を遂げてきた。具体的には、当初は貧困と疾病の悪循環を断ち切り、疾病により様々な生活課題に苦しむ人々が適切な医療サービスを受け、疾病や生活課題を解決することへの援助としてのケースワークを中心としていた。

その後時代の経緯を経て、国民の生活構造の変化、医療技術の向上等による疾病構造の変化、1980年代の政府の臨調行革路線に沿った医療、福祉切捨ての諸政策やその中での高齢者の医療、介護の問題の一般化、保健医療・福祉の安上がり政策とも言えた1980年代から1990年初頭にかけての在宅医療、在宅福祉政策の中、また国の経済的低迷の中で社会保障費の一位を占める国民医療費は年々増加の傾向にあった。そしてその適正化をはかることを主要な目的とした保健医療政策や、介護保険制度、障害者自立支援法の導入等が、保健医療の分野でのソーシャルワークの援助活動そのものを大きく変化、拡大させてきた。保健医療機関内でのケースワークから、地域を射程に置いた援助すなわち、対象者を地域における生活の主体者として、生活の継続性の中で対象者を捉え、地域での生活の再開に向けての援助とそれに伴う連携機関や地域住民との連携・協働にまで拡大した。

「医療ソーシャルワーク業務指針」にも、当初の中心業務であった経済的問題の解決に向けた援助から以下の①から⑥に明確に示されているように援助の範囲は大きく拡大された。

①療養中の心理的・社会的問題の解決、調整援助
②退院援助
③社会復帰援助
④受診・受療援助
⑤経済的問題の解決、調整援助
⑥地域活動

この業務の範囲に次いで、保健医療の場において患者やその家族を対象としてソーシャルワークを行う場合に採るべき方法が、以下の①から⑦に示されている。

①個別援助に関わる業務の具体的展開
②患者の主体性の尊重
③プライバシーの尊重
④他の医療スタッフ及び地域の関係機関との連携

⑤受診・受療援助と医師の指示
⑥問題の予測と計画的対応
⑦記録の作成等

以上、保健医療ソーシャルワーカーの業務指針の業務の範囲と方法（P257〈資料2〉参照）は、今日の保健医療ソーシャルワーカーが対応すべき医療福祉課題に見合っており、その解決への援助方法が示されている。そこにはまた、「エコシステム」「ストレングス」の視点を重視したジェネラリスト・ソーシャルワーク（ルイーズ・C・ジョンソン、ステファン・J・ヤンカ　2004）の理論が盛り込まれていることがうかがわれる。これらの事実からもわが国での保健医療ソーシャルワークの技術論的模索や発展は、60年の間に大きな成果が得られ、今後一層の発展が期待される。

ただ、今日のあるべき保健医療ソーシャルワークについて、岡村重夫は『社会福祉学（各論）』（1963年）においてすでに述べている。今、あらためて岡村理論を解読することにより、保健医療ソーシャルワーク実践での具現化を図り、益々複雑化多様化する保健医療福祉課題の解決に向けた援助として確立していくことが重要であると思われるため、岡村理論について再度確認すべき点を取り上げたい。

岡村は、保健医療分野での医療社会事業（著書の表現を使用する）の意味を、

①患者と社会のかかわりを重視し、社会が個人の生活に対して及ぼす影響ないし主観的意味を探求し、個人全体と環境全体との関係をとらえ、社会福祉学の立場から医師の診断を助けることにより、医療が病気ではなく、病人の治療を可能とする。

②医療社会事業は、第一義的にかつ本質的に「結びつける仕事」ないし「仲介的な仕事」である。このような役割ゆえに、病院内外、多種多様な施設機関等が有用な協働関係において結び付けられ、全人間的治療を可能にする。「そのため、医療ソーシャルワーカーは、ケースワークだけにその活動範囲を限定するのではなく、病気や身体障害に関する各種の社会資源を動員、調整、造成するためのオーガニゼーション・ワークに努力しなければならない」[1]

と述べている。また、「医療社会事業ないし医療ソーシャルワークは、ひとり医療ケース・ワークだけでなく、グループワークやオーガニゼーション・ワークを含まねばならない」[2]とも記している。

これら岡村の指摘は、保健医療ソーシャルワークの独自の専門性とその上に立っての技術のあり方、今日、保健医療分野に働く専門職の中での、ケースワークからジェネラリスト・ソーシャルワークの保健医療機関、地域での展開を示唆しているものと捉えたい。そして、それは今まさに保健医療ソーシャルワークに求められているものであり、ミクロからメゾマクロそしてマクロソーシャルワークに至る技術の向上である。ＣＶＡの保健医療ソーシャルワークのあり方について技術論の視角にもとづいてミクロ、メゾマクロ、マクロソーシャルワークという観点から具体的に次のことが重要と考える。

①対象者と環境との関係性の中でとらえた課題解決の向けての援助技術の向上

②対象者を地域における生活の主体者としてとらえ、対象者の生存・生活権保障にもとづいた生活の継続を確保するための地域の連携機関や地域住民との連携・協働を図っていく技術の向上

③対象者の抱える生活課題が保健医療・福祉政策のあり方からももたらされるものであることを理解し、政策に向けての提言を行う。

(2) 政策論的保健医療ソーシャルワークの視角にもとづいて

戦後、国家再生に向けての急速な経済成長と共に、１９７０年代への「福祉国家」への方向性にあったシナリオは、１９７０年代半ばになり、高度経済成長期の終結以降の経済成長率の低迷や、１９７４年のオイルショックをきっかけとした国家財政の緊迫化等を理由に、保健医療ソーシャルワーク領域のみでなく、１９７０年代中頃以降の福祉国家である英国のサッチャー主義、米国のレーガノミックスと同様に、社会保障・社会福祉の切捨

ていう国民の生活犠牲を強いる方向に展開してきた。これは社会福祉の国家責任から国民の自助、互助、連帯に転嫁することを意味しており、「福祉国家」の確立から「日本型福祉社会」の実現への転換である。

この方向性は、1980年代に入り、臨調行革路線のもとでいっそう拍車がかかり、国民のいのちと生活に密接に関わる保健医療や社会福祉の解体・再編が急速に進行した。具体的には、医療保障の領域においては1983年の老人医療費の再有料化、医療保障健康保険本人の8割給付への切り下げがなされた。これはその後、2003年の7割給付への切り下げなど国民負担増加を招き、国民の受診抑制、格差・差別医療の拡大、医療機関の営利追求指向の強化をもたらすことにもなった。

2000年以降、わが国では、高齢社会に向けた高齢者の医療・介護の保障により、高齢者の穏やかで健やかな人権の保たれた生活の保障、すなわち生存・生活権保障への政策として、社会福祉基礎構造改革の具現化である介護保険制度の導入、老人保険制度から後期高齢者医療制度への移行等、医療費の是正を図るべく医療機関の適切な医療サービスの是正にむけた医療法の改正、診療報酬制度の改正などが相次いでなされた。そこには、特に介護の分野において、規制緩和の名のもとに民間活力の導入をはかり、医療、福祉という人間の尊厳・生命の根幹に関わる領域をも資本による営利追求の対象として開放し、措置制度を解体し、国民の生存・生活権保障としての社会福祉の理念そのものの解体の方向にさえ突き進んでいる不安を抱くことを否めない。

　このような、わが国の社会福祉政策の展開の中で、特に保健医療の場における政策的展開において、加藤薗子は『現代医療ソーシャルワーク論』（１９９０年）で「現代の矛盾にみちた医療、福祉政策のもとで勤労国民階層の生活は貧困化の一途をたどり、そこで形成される問題の現実が医療と福祉の接点に立つＭＳＷ、精神保健福祉士（Psychiatric Social Worker 以下ＰＳＷと略す）に新たな課題と問題を提起してきている。今日の著しい労働と生活の変化のもとで、脆弱な生活基盤、生活構造しかもちえない大多数の住民・国民は、健康破壊・障害がストレートに家族や生活の崩壊に直結するという深刻な事態に常に直面している。とりわけ、疾病構造の変化により今日増加の著しい慢性・難治性疾患の患者、家族にとっては、結局医療中断や、疾病の起因・要因をその生活過程に抱え込んだまま、疾病と貧困の資本主義的悪循環の中で、あらたな生活・貧困問題を累積していくことになる。今日の国民犠牲の医療・福祉政策によって、ますますその深刻度を増幅させつつある患者・住民の生活実態の現実は、現代の社会問題が、個人、家族、住民生活にいかなる諸困難をおしつけているのか、その背景にある患者・住民の労働、生活、地域の変化をトータルにとらえることによって明らかにするとともに、こうした現代社会問題と結びついたＭＳＷ、ＰＳＷの労働論を構築する課題の重要性を増している。つまりそれは、ＭＳＷ、ＰＳＷの位置と性格を国の『医療福祉政策』と『対象＝生活問題』との連関でとらえ、そのあり方を『福祉労働論』として再構築し追求する課題であるといえる」[3]とし、保健医療ソーシャルワークが対象とする課題を政策との関係の中で捉える視点と、政策が生み出す生活課題に直面し、生存・生活権保障が奪われている対象者への理解の上に立った福祉労働としての保健医療ソーシャルワーク実践の追求への重要性を主張している。

この加藤の保健医療ソーシャルワークの対象者理解を政策との関係で捉える視点、とりわけ保健医療の場における対象者が直面している生存・生活権保障を脅かす医療福祉課題が、保健医療・福祉政策が生み出すものであるという視点は、技術論に傾倒しつつ発展してきたこれまでの保健医療ソーシャルワークに欠けていた視点であると考える。そして、２０００年以降の目まぐるしい保健医療・福祉政策の改革の中で対象者が担っている生活課題が、疾病構造や生活形態の変化からのみ生み出されるのではなく、１９８０年以降の経済至上主義のもとでの「福祉国家」から「日本型社会福祉」への転換となる政策的展開が生み出していることを理解した上で、対象者への援助のあり方を構築しなければならない。そのことで初めて保健医療ソーシャルワークが、真に対象者の生存・生活権保障に立ったものと成り得ると考える。

2. 技術論、政策論の統合的視点にもとづく CVA保健医療ソーシャルワークの構築に向けて

本論では2000年以降の日本の保健医療・福祉政策の展開、具体的には社会福祉基礎構造改革の具現化の一つである介護保険の導入や2006年の医療制度構造改革の具現化の一つである医療法の改正が、これまで危惧されてきた技術論に傾倒しつつ進められてきた保健医療ソーシャルワークの理論・実践に直面している課題を明らかにしてきた。またその結果として、健康やいのちの危険に直面している対象者の生存・生活権保障をその職業的使命とする保健医療ソーシャルワークに対して、使命そのものを揺るがしかねない困難を投げかけていることを、保健医療福祉政策の展開の影響を直接被ることとなったCVA患者の保健医療ソーシャルワークの五つの調査を通して明らかにしてきた。その事実はまさに、保健医療の場では1960年代から問題意識として目覚めていた、技術論に傾倒しがちであったわが国の保健医療ソーシャルワークからの新たな展開、すなわち政策論的視点との統合化の必要性を示していると考える。

本章1．の(1)(2)において技術論・政策論から今後の保健医療ソーシャルワークについて検討してきたが、双方の統合的視点での保健医療ソーシャルワークの構築をするにあたっ

ては、政策論的視点で引用した加藤の「福祉労働論」を再検討する必要があると考える。
その理由として、加藤の「福祉労働論」は、１９６０年代の後半に従来の「政策論」と「技術論」の対立という図式でとらえられてきた戦後社会福祉研究の流れの転換期において、従来への積極的問題提起と試論的枠組みの提示として、一番ヶ瀬康子、真田是、高島進らの諸氏により提唱された「運動論」を理論的ベースとしているからである。「『運動論』の提唱者である諸氏は、技術主義への批判を共通の基盤として持つと同時に、現場実践における技術の科学的体系化にも深い関心を示し、ともすれば社会福祉の歴史的・社会的位置づけを一般的に明らかにするところにとどまりがちであった従来の『社会政策論』的研究を批判的に継承・発展させて、いわば『政策』と『技術』の両面を視野に収めた社会福祉の全体像を明らかにすることに努めてきた」[4]
三者のなかでも真田は「国家独占資本主義の下で『譲歩』として行われる社会福祉の『政策機能』と『生活保障』の二面的な性格の検討を行い、二面性をあわせもち、両側面を統一的に把握するための理論的枠組みが必要であるとし、社会福祉の二面性を統一的にとらえるとともに、国民の生活をまもり発展させる側面を強化していく実践的な視点を踏まえたものとしての『福祉労働の視点』を提起した」[5]さらに真田は社会福祉の構造を「社会福祉の三元構造」という概念によって説明をしている。「社会福祉を成立させ、その内容や水準に規定的な影響を与えているものとしては、①社会問題、②政策主体、③社会運動が考えられ、社会福祉は、客観的な歴史・社会法則の規定を受けて成立し、その内容と水準が決まってくる。具体的にはこの客観法則は、社会問題・政策主体・社会運動の三つをとおしてあらわれ、これらの相互の作用・関連をとおして決まってくるものである」[6]とした。

宮田和明は「真田による『福祉労働の視点』の提起は、従来の諸研究のなかでは分断されがちであった社会福祉の社会科学的な本質規定と、具体的な実践活動の技術・方法を一つの理論体系の下で『統合』し、社会福祉理論の体系化を一歩前進させる上で重要な意味を持つ提起であったといえよう。その後、真田を中心とする研究グループによって『福祉労働』論の一層の精密化と具体化がはかられ、『福祉労働』研究への関心を広くよびおこしている」[7]としている。

加藤は、「運動論」のなかでもこの「福祉労働論」の提唱者である真田の理論に依拠しており、これまでの技術論・政策論の立場としては、政策論的立ち位置ではあるが、本章1．の(2)の引用にもあるように、「ＭＳＷ、ＰＳＷの位置と性格を国の『医療福祉政策』と『対象＝生活問題』との関連でとらえ、そのあり方を『福祉労働論』として再構築し追求する」という、保健医療の場におけるソーシャルワークを政策と対象者の課題の関連でとらえた上で、ソーシャルワークの技術そのものを追求していく主張であることから、政策論的立場をとりつつ、統合的視点を強調しているると言えるのではないだろうか。

以上の加藤の「福祉労働論」にもとづき技術論・政策論の統合的な視点に立つＣＶＡ患者の生存・生活権保障の実現に向けた保健医療ソーシャルワークとは、技術論的視角からはミクロからメゾマクロそしてマクロソーシャルワークに至るジェネラリスト・ソーシャルワークであるとしたが、それに併せ、次の政策論的視点を持ち合わせることが必要であると考える。

①わが国の保健医療・福祉政策が、１９８０年以降急速に「福祉国家」から「日本型福祉国家」へと規制緩和とともに憲法25条で謳われているにもかかわらず国家責任の所在が希薄になりつつあることを認識し、この転換期の中での保健医療・福祉政策の改正であることを認識する。

②保健医療福祉の対象者が抱える生活課題は、資本主義経済の仕組みの中で、経済原理に基づいて生み出される保健医療・福祉政策がもたらすものであるという視点のもと、相次ぐ、医療法の改正がどのような国家経済政策や経済原理のもとで展開されてきているのかを理解し、国家責任としての「介護保障」から相互扶助、自助自立を唱えた「介護保険」への転換が、戦後どのような社会福祉政策の展開のもとで社会福祉基礎構造改革

の具現化の一つとして展開されてきているかを理解する。

③保健医療ソーシャルワークは、①②から人々のいのちと健康そして生活を脅かし、人々の生存・生活権の保障が守られない状況に至るその相互作用の中に介入して、人々の生存・生活権を取り戻す福祉労働であるという視点を持つこと。

注：

1　岡村重夫著『社会福祉学（各論）』柴田書店・1963・P122

2　岡村重夫著『社会福祉学（各論）』柴田書店・1963・P123

3　加藤薗子、細川汀、真田是編著『現代医療ソーシャルワーカー論』法律文化社・1990・P237〜238

4　真田是編著『戦後日本社会福祉論争』（6章「新政策論」論争・宮田和明著）法律文化社・1979・P193〜194

5　真田是編著『戦後日本社会福祉論争』（6章「新政策論」論争・宮田和明著）法律文化社・1979・P201〜203

6　一番ヶ瀬康子、真田是編著『社会福祉論』（旧版）有斐閣・1969・P123〜124

7　真田是編著『戦後日本社会福祉論争』（6章「新政策論」論争・宮田和明著）法律文化社・1979・P205〜206

参考文献：

一番ヶ瀬康子、真田是編著『社会福祉論』（旧版）有斐閣・１９６９
岡村重夫著『社会福祉学（各論）』柴田書店・１９６３
加藤薗子、細川汀、真田是編著『現代医療ソーシャルワーカー論』法律文化社・１９９０
真田是編著『戦後日本社会福祉論争』法律文化社・１９７９
ルイーズ・Ｃ・ジョンソン、ステファン・Ｊ・ヤンカ著／山辺朗子、岩間伸之訳『ジェネラリスト・ソーシャルワーク』ミネルヴァ書房・２００４

終章

近年のめまぐるしい変化をきたしつつある保健医療の場にあって、医師をはじめとする医療従事者の実践活動のあり方は、ともすれば対象者のいのちや生活を保障していく本来の職業目的から遊離しかねない方向にある。その一つに、国の経済原理に基づく保健医療・福祉政策の改革がその諸矛盾の所産とも言うべき新たな生活課題＝医療福祉課題を生み出し、医療従事者の中でもそれへの解決援助の専門職であるＭＳＷにとっては、技術論に傾倒した実践活動の継続が、今や困難となる事態に陥っている。このことは、保健医療ソーシャルワークの価値・倫理である医療福祉課題に苦しむ人々の人間らしい、人間の尊厳に値する生存・生活権の保障、その実現に取り組むことを目的とした労働の担い手としてのＭＳＷに対する、あるいは保健医療ソーシャルワークの研究に従事する者に対する無言の批判であるかもしれない。

本論文は、技術論的保健医療ソーシャルワークを否定しているものではない。今日のわが国の保健医療ソーシャルワークが求められているものは、技術論に傾倒しがちであったこれまでの保健医療ソーシャルワークへの反省と、技術論と政策論との統合的視点のもとでの技術の向上にむけた探求であることを主張しているのである。すなわち政策主体によって立法、制度、事業として具体化された保健医療・福祉政策は、目的意識的な人間の活動を媒介としてはじめて現実の医療福祉課題に苦しむ人々の苦難を緩和・軽減するものとして一定の現実的効果を表すことができる。言いかえれば保健医療・福祉の政策・制度は、保健医療ソーシャルワークを媒介としてはじめてサービスを必要とする対象者の医療福祉課題やニーズと結合し、一定の現実的効果を達成できるものである。そして問題を具体的に解決するための方法として技術が位置づけられる。当然この技術の位置づけ、MSWの技術の問題は、保健医療・福祉政策との関連を視野に入れたものであるとの確認のもとで、これまでも努力を怠ることなく発展の追求がなされてきたことの評価の上に立って、今後の発展の方向性を考えなければならない。

一番ヶ瀬康子は、研究者の立場から「社会福祉学はなによりも実践の学である。それだけに実践自体の記録化あるいは歴史的把握、そしてそのミクロな点からマクロな政策批判、人権視点から計画への参加、提言という点に特徴がある。社会福祉の独自性を援助方法の研究はもちろんのこと、政策研究や計画論においてその前提に、一人ひとりの実存、人権の主導者として、さらに生活者としての状況から問題を発見すること、そこでの共時性を媒介に人権への代弁者としての研究者の役割を根底にすえることが肝要である。その視点あるいは〝まなざし〟また立場性がないかぎり、実践学としての社会福祉学は弱まるであろうと思われる」[1]としている。この一番ヶ瀬の提言は、あくまでも研究者としての立場からのものではあるが、今日2000年以降のわが国の保健医療・福祉政策の展開の只中にあって、研究者のみではなく実践者においても、援助方法はもちろん政策や計画においてその前提に、一人ひとりの実存、人権の主導者として、さらに生活者としての状況から問題を発見し、そこでの共時性を媒介に人権への代弁者としての役割を担うことが求められていると考える。

保健医療・福祉政策の展開がどのような対象者への生活課題をもたらし、そのことが人びとの生活・生存権保障を侵害しているのかを見極め、個別援助から他専門職、同職種、地域の関連機関の様々な専門職や地域住民との連携・協働、政策に向けて改善や提言といった社会活動という、ミクロからメゾマクロそしてマクロへの展開が必要であろう。それに併せ保健医療ソーシャルワークにおける「政策―技術」の相互規定関係をふまえることは、社会問題のひとつである医療福祉課題を抱え、人生、生活の危機に直面する人々が、真に必要とする援助のあり方を構築していく上できわめて重要であると考える。

注：

1　一番ヶ瀬康子、高島進、高田眞治、京極高宣編著『戦後社会福祉の総括と二十一世紀への展望　Ⅰ　総括と展望』ドメス出版・１９９９・Ｐ50

資料

〈資料1〉

医療ソーシャルワーカー倫理綱領（2007年）

前文

われわれソーシャルワーカーは、すべての人が人間としての尊厳を有し、価値ある存在であり、平等であることを深く認識する。われわれは平和を擁護し、人権と社会正義の原理に則り、サービス利用者本位の質の高い福祉サービスの開発と提供に努めることによって、社会福祉の推進とサービス利用者の自己実現をめざす専門職であることを言明する。

われわれは、社会の進展に伴う社会変動が、ともすれば環境破壊及び人間疎外をもたらすことに着目する時、この専門職がこれからの福祉社会にとって不可欠の制度であることを自覚するとともに、専門職ソーシャルワーカーの職責についての一般社会及び市民の理解を深め、その啓発に努める。

われわれは、われわれの加盟する国際ソーシャルワーカー連盟が採択した、次の「ソーシャルワークの定義」（2000年7月）を、ソーシャルワーク実践に適用され得るものとして認識し、その実践の拠り所とする。

ソーシャルワークの定義（IFSW、2000／7）

ソーシャルワーク専門職は、人間の福利（ウェルビーイング）の増進を目指して、社会の変革を進め、人間関係における問題解決を図り、人びとのエンパワーメントと解放を促していく。ソーシャルワークは、人間の行動と社会システムに関する理論を利用して、人びとがその環境と相互に影響し合う接点に介入する。人権と社会正義の原理は、ソーシャルワークの拠り所とする基盤である。

われわれは、ソーシャルワークの知識、技術の専門性と倫理性の維持、向上が専門職の職責であるだけでなく、サービス利用者は勿論、社会全体の利益に密接に関連していることを認識し、本綱領を制定してこれを遵守することを誓約する者により、専門職団体を組織する。

価値と原則

1（人間の尊厳）

ソーシャルワーカーは、すべての人間を、出自、人種、性別、年齢、身体的精神的状況、宗教的文化的背景、社会的地位、経済状況等の違いにかかわらず、かけがえのない存在として尊重する。

2（社会正義）

ソーシャルワーカーは、差別、貧困、抑圧、排除、暴力、環境破壊などの無い、自由、平等、共生に基づく社会正義の実現を目指す。

3（貢献）

ソーシャルワーカーは、人間の尊厳の尊重と社会正義の実現に貢献する。

4（誠実）

ソーシャルワーカーは、本綱領に対して常に誠実である。

5（専門的力量）

ソーシャルワーカーは、専門的力量を発揮し、その専門性を高める。

倫理基準

I. 利用者に対する倫理責任

1.（利用者との関係）

ソーシャルワーカーは、利用者との専門的援助関係を最も大切にし、それを自己の利益のために利用しない。

2.（利用者の利益の最優先）

ソーシャルワーカーは、業務の遂行に際して、利用者の利益を最優先に考える。

3.（受容）

ソーシャルワーカーは、自らの先入観や偏見を排し、利用者をあるがままに受容する。

4.（説明責任）

ソーシャルワーカーは、利用者に必要な情報を適切な方法・わかりやすい表現を用いて提供し、利用者の意思を確認する。

5.（利用者の自己決定の尊重）

ソーシャルワーカーは、利用者の自己決定を尊重し、利用者がその権利を十分に理解し、活用していけるように援助する。

6.（利用者の意思決定能力への対応）

ソーシャルワーカーは、意思決定能力の不十分な利用者に対して、常に最善の方法を用いて利益と権利を擁護する。

7.（プライバシーの尊重）

ソーシャルワーカーは、利用者のプライバシーを最大限に尊重し、関係者から情報を得る場合、その利用者から同意を得る。

8.（秘密の保持）

ソーシャルワーカーは、利用者や関係者から情報を得る場合、業務上必要な範囲にとどめ、その秘密を保持する。秘密の保持は、業務を退いた後も同様とする。

9.（記録の開示）

ソーシャルワーカーは、利用者から記録の開示の要求があった場合、本人に記録を開示する。

10.（情報の共有）

ソーシャルワーカーは、利用者の援助のために利用者に関する情報を関係機関・関係職員と共有する場合、その秘密を保持するよう最善の方策を用いる。

11.（性的差別、虐待の禁止）

ソーシャルワーカーは、利用者に対して、性別、性的指向等の違いから派生する差別やセクシュアル・ハラスメント、虐待をしない。

12.（権利侵害の防止）
ソーシャルワーカーは、利用者を擁護し、あらゆる権利侵害の発生を防止する。

Ⅱ. 実践現場における倫理責任

1.（最良の実践を行う責務）
ソーシャルワーカーは、実践現場において、最良の業務を遂行するために、自らの専門的知識・技術を惜しみなく発揮する。

2.（他の専門職等との連携・協働）
ソーシャルワーカーは、相互の専門性を尊重し、他の専門職等と連携・協働する。

3.（実践現場と綱領の遵守）
ソーシャルワーカーは、実践現場との間で倫理上のジレンマが生じるような場合、実践現場が本綱領の原則を尊重し、その基本精神を遵守するよう働きかける。

4.（業務改善の推進）
ソーシャルワーカーは、常に業務を点検し評価を行い、業務改善を推進する。

Ⅲ. 社会に対する倫理責任

1.（ソーシャル・インクルージョン）
ソーシャルワーカーは、人々をあらゆる差別、貧困、抑圧、排除、暴力、環境破壊などから守り、包含的な社会を目指すよう努める。

2．（社会への働きかけ）

ソーシャルワーカーは、社会に見られる不正義の改善と利用者の問題解決のため、利用者や他の専門職等と連帯し、効果的な方法により社会に働きかける。

3．（国際社会への働きかけ）

ソーシャルワーカーは、人権と社会正義に関する国際的問題を解決するため、全世界のソーシャルワーカーと連帯し、国際社会に働きかける。

Ⅳ．専門職としての倫理責任

1．（専門職の啓発）

ソーシャルワーカーは、利用者・他の専門職・市民に専門職としての実践を伝え社会的信用を高める。

2．（信用失墜行為の禁止）

ソーシャルワーカーは、その立場を利用した信用失墜行為を行わない。

3．（社会的信用の保持）

ソーシャルワーカーは、他のソーシャルワーカーが専門職業の社会的信用を損なうような場合、本人にその事実を知らせ、必要な対応を促す。

4．（専門職の擁護）

ソーシャルワーカーは、不当な批判を受けることがあれば、専門職として連帯し、その立場を擁護する。

5.（専門性の向上）

ソーシャルワーカーは、最良の実践を行うために、スーパービジョン、教育・研修に参加し、援助方法の改善と専門性の向上を図る。

6.（教育・訓練・管理における責務）

ソーシャルワーカーは教育・訓練・管理に携わる場合、相手の人権を尊重し、専門職としてのよりよい成長を促す。

7.（調査・研究）

ソーシャルワーカーは、すべての調査・研究過程で利用者の人権を尊重し、倫理性を確保する。

行動基準

I.利用者に対する倫理責任

I－1.（利用者との関係）ソーシャルワーカーは、利用者との専門的援助関係を最も大切にし、それを自己の利益のために利用しない。

医療ソーシャルワーカーは、クライエントとの専門関係を築き、その関係を医療ソーシャルワーカー自らの利益のためにけっして利用しない。クライエントとは、医療ソーシャルワーカーと、クライエント・ワーカー専門関係を相互に確認し、相互に共通の認識をもつ者とする。患者がクライエントであるか、あるいはその患者の家族の他の成員がクライエントであるか、専門職としての責任を取る対象者を明確にする必要があり、そのクライエントに対し責任をとるのである。

医療ソーシャルワーカーは、ソーシャルワーク実践に伴う公正な報酬以外に、クライエントから経済的、社会的、物質的に私的な利益を得ることはない。自らの性的、攻撃的、その他本能的欲求を満たすために、クライエントを利用しない。名声や社会的有利な地位を得るためにクライエントを利用しない。

ただし、医療ソーシャルワーカーと所属する他専門職がクライエントを利用する態度や行為について自ら気が付かない場合もある。クライエントとの専門的援助関係を保つためにも医療ソーシャルワーカーは自らスーパービジョンを受ける。

I－2.（利用者の利益の最優先） ソーシャルワーカーは、業務の遂行に際して、利用者の利益を最優先する。

医療ソーシャルワーカーは、クライエントの利益を最優先する。医療ソーシャルワーカーは、クライエントの利益を最優先することをそのクライエントとその関係者に対しあらかじめ説明する。

そのクライエントが幼児や高齢者、あるいは知的理解や身体的・認知的障害をもつ者である場合であっても、医療ソーシャルワーカーは、そのクライエントとクライエント・ワーカー専門関係にあることを、可能なかぎりの手段と方法を用いて相互に確認し共通の認識を得るようにする。クライエントが同じ家族成員である場合、クライエントと他の成員とを区別し、クライエントの利益を最優先する。

医療ソーシャルワーカーは、クライエントとその関係者の間で利害が異なり、時に矛盾しあうときにおいても、利益を最優先すべきクライエントを変更することなく、クライエント・ワーカー関係を相互に確認したそのクライエントの利益を最優先することに終始心を配る。

ただし、一般社会に対する倫理的責任、法的義務、医療ソーシャルワーカーが所属する組織・制度的責務を、クライエントの利益より優先することもある。その場合、そのことをクライエントに告げるとともに、そのクライエント・ワーカー専門関係を解消することができることを知らせる。また、クライエントの自殺の危険、クライエントによる子どもの虐待や他者への危害のおそれがあるなど緊急を要する場合、そのクライエントの利益を最優先することなく、一般社会に対する倫理責任等の医療ソーシャルワーカーの専門家としての判断を優先し、速やかに行動することができる。

I－3．（受容）ソーシャルワーカーは、自らの先入観や偏見を排し、利用者をあるがままに受容する。

受容とはクライエントがありのままの自分を受け入れて欲しいというニーズに対する態度原則である。クライエントの態度、生活様式、価値観、直面している問題などについて、クライエントをあるがままに捉える。良いところも悪いところも持っているのが人間であり、悪いところを悪いと批判するのではなく、ありのままにみようとするのである。クライエントに非社会的あるいは反社会的な行動があったとしても、その行動を捉えるのではなく、その行動の持つ意味や原因・背景を理解しようとすることが受容につながる。クライエントの問題を解決しようとする力にも注目しながら、信頼関係を基礎にクライエントに対して暖かい関心を寄せる。

I－4．（説明責任）ソーシャルワーカーは、利用者に必要な情報を適切な方法・わかりやすい表現を用いて提供し、利用者の意思を確認する。

医療ソーシャルワーカーは、自らの立場、役割などの専門性をあらかじめクライエントに説明し、クライエントがその内容を理解できるようつとめる。さらに、クライエントに必要な情報についてわかりやすい表現と適切な方法を用いて説明し、クライエントが説明内容を理解しているかどうかを確認する。

医療ソーシャルワーカーからの説明をクライエントが理解することが困難なとき、何らかの手段を用いてクライエントが理解できるよう最大限の試みを行う。

I－5.（利用者の自己決定の尊重） ソーシャルワーカーは、利用者の自己決定を尊重し、利用者がその権利を十分に理解し、活用していけるように援助する。

医療ソーシャルワーカーは、全ての人が持つ自らの人生を自らの判断で決定する権利を尊重して実践を行なう。また、クライエントがクライエント自身の自己実現に向けてより良い決定ができるよう選択の幅を広げ、決断する力を増すように援助し続ける。

I－6.（利用者の意思決定能力への対応） ソーシャルワーカーは、意思決定能力の不十分な利用者に対して、常に最善の方法を用いて利益と権利を擁護する。

医療ソーシャルワーカーによる利益と権利の擁護は、医療保健分野でのさまざまな決定（インフォームドコンセント、チョイス）の場面においてはもちろん、病気や障害を通してみえてくるクライエントの社会的状況（経済的困窮、虐待など）への関わりまで広範囲にわたる。医療ソーシャルワーカーは、意思決定能力の低下した人々の権利擁護に関する法律や制度を常に熟知し、適切なアドボカシーを行ない、さまざまな抑圧と剥奪からクライエントを護ろうとし続ける。

意思決定能力の低下したクライエントの声は社会の中で抑圧され聞き取りにくいことが多い。抑圧された声なき声を聞き取り、利益と権利を擁護するのは、法律や制度だけではなく、医療ソーシャルワーカーの人権に対する鋭敏な感覚と勇気である。医療ソーシャルワーカーは保健医療分野における人権の番人として常に優れた人権感覚を持ち続けようと努力を続ける。

I－7．（プライバシーの尊重）　ソーシャルワーカーは、利用者のプライバシーを最大限に尊重し、関係者から情報を得る場合、その利用者から同意を得る。

何がプライバシーかを決めるのはクライエント自身である。医療ソーシャルワーカーは、業務上多くの情報をクライエント自身はもちろん、他の専門職からも得ることになる。そこには、クライエント自身が語った生活の状況はもちろんのこと、診断や病状、予後などの医学的情報も含まれる。これら、過去、現在、未来にわたる生活上のさまざまな情報は、プライバシーとして尊重されなければならない。医療ソーシャルワーカーは、クライエントが「自分のプライバシーは守られている」と感じる方法をもってプライバシーを守り、安心感と信頼感を与えなければならない。医療チームの中にあっても、地域専門職との連携においても原則は同じである。

I－8．（秘密の保持）　ソーシャルワーカーは、利用者や関係者から情報を得る場合、業務上必要な範囲にとどめ、その秘密を保持する。秘密の保持は、業務の退いた後も同様とする。

秘密が守られることは、クライエントとの信頼関係の基盤であり、援助の礎である。医療ソーシャルワーカーは、業務を行なう環境、記録の取り扱い、情報収集の対象と方法、情報伝達の対象と方法などにおいて、秘密が守られるように配慮する。医療ソーシャルワーカーとしての業務を退いた後も秘密の保持は続けられる。

I－9．（記録の開示）　ソーシャルワーカーは、利用者から記録の開示の要求があった場合、本人に記録を開示する。

記録を書き、残すことは、職員としてのみならず、専門職としても責務である。また、クライエントに対する責任でもある。クライエントから開示の請求があった場合には、所属組織のルールに則り、その記録を開示し、信頼関係を深める。

I－10．（情報の共有）　ソーシャルワーカーは、利用者の援助のために利用者に関する情報を関係機関・関係職員と共有する場合、その秘密を保持するように最善の方策を用いる。

医療チームの中、他専門機関の職員、クライエントを取り巻く関係者との連携は重要であり、情報の共有によってクライエントをよりよく援助することができる。しかし、誰とどの程度情報を共有するかについて、医療ソーシャルワーカーは慎重である必要がある。他機関の専門職だからといって、一律的な対応は危険である。

文書・口頭・電話・ファックス・電子媒体での情報交換については、漏洩、紛失などの危険性を充分に意識し、最も安全な方法を選択するようにする。

I－11．（性差別、虐待の禁止）　ソーシャルワーカーは、利用者に対して、性別、性的指向等の違いから派生する差別やセクシュアル・ハラスメント、虐待をしない。

医療分野においては、性別や性的指向のみならず、性同一性障害や遺伝子と身体特徴が異なる人がクライエントとなる場合もある。こうした場合においても医療ソーシャルワーカーは、クライエントの個別的な性（性の自己意識、性的指向、性役割、ジェンダー等）を尊重し差別しない。また、医療ソーシャルワーカーは、クライエントに対し、セクシャル・ハラスメントなどの性的苦痛を与えない。

更に、医療ソーシャルワーカーは、クライエントの品位を傷つけることのないように言動に留意する。

医療ソーシャルワーカーとクライエントの関係は専門的援助関係である。医療ソーシャルワーカーは、個人的及び性的な行動・行為によって関係を混乱させたり、医療ソーシャルワークの目標と対立するような目的のためにクライエントとの関係を利用しない。また、クライエントが医療ソーシャルワーカーに対して専門的関係以上の感情を示した場合でも、医療ソーシャルワーカーはそれに応じるような態度をとらない。応じると言うことは、クライエントの弱さを利用することであり、専門的関係の崩壊に繋がるからである。これは、クライエントは勿論のこと、クライエントと親しい第三者にも適用される。

I－12.（権利の侵害の防止） ソーシャルワーカーは、利用者を擁護し、あらゆる権利の侵害の発生を防止する。

クライエントが病気であり、障害をもつとき、その身体的・精神的な違いにかかわらず、医療ソーシャルワーカーは、そのクライエントをかけがえのない存在として尊重する。クライエントの権利が侵害された場合、そのクライエントの権利を医療ソーシャルワーカーは擁護するとともに、今後、その権利が侵害されないよう防止する。病気や障害は偏見、差別、排除の対象になりうる。そこで、クライエントが病気や障害により、差別や排除を受けた場合、そのクライエントの権利の侵害を認識し、権利の回復、権利の擁護、権利侵害防止に取り組む。

Ⅱ．実践現場における倫理責任

Ⅱ－1．（最善の実践を行う責務）ソーシャルワーカーは、実践現場において、最良の業務を遂行するために、自らの専門的知識・技術を惜しみなく発揮する。

最良の業務を遂行するために、人間関係や環境を整えておくという業務の基盤つくりにも気を配ると同時に、社会情勢、法制度の改変、世論や価値の変動にも常に機敏に対応し、最新の知識や技術を得るよう努力する。

社会の価値観、経済状態などの変化により、最良の業務も変化し、あるいは制約を受ける。また医療ソーシャルワーカーも人間であるから、体調や精神状態に不調をきたすことがある。しかしどのような場合も、最良の業務を遂行しようと努力はしなくてはならないし、最良の業務を遂行できないからといって、クライエントの援助を拒否することのないようにする。

Ⅱ－2．（他の専門職との連携・協働）ソーシャルワーカーは、相互の専門性を尊重し他の専門職と連携・協働する。

医療ソーシャルワーカーの援助方針は、治療方針など医療や保健チームの方針または地域の他機関を含めたケアチームの方針と連動し、整合性が保たれる。従って医療ソーシャルワーカーは、福祉・保健・医療の分野における他の専門職を理解し、その専門性を尊重しつつ連携・協働を図る。また医療ソーシャルワーカーは、他の専門職、非専門職と円滑に連携・協働するだけでなく、複数の職種の連携・協働そのものを援助し、クライエントを取り巻く状況の全体を見るという役割も持っている。

Ⅱ－3．（実践現場と綱領の遵守）ソーシャルワーカーは、実践現場との間で倫理上のジレンマが生じるような場合、実践現場が本綱領の原則を遵守するように働きかける。

医療ソーシャルワーカーはジレンマが生じる場面において、本綱領の基本精神を遵守する。現実の中で遵守することが困難に感じられる時も、遵守するよう努力し続ける。さらに、自らが倫理綱領に忠実であるだけでなく、実践現場で他専門職にもこれらの基本精神が理解されるよう働きかけを続ける。


Ⅱ－4．（業務改善の推進）ソーシャルワーカーは、常に業務を点検し評価を行い、業務改善を推進する。

クライエントに最善の援助を提供するために、業務の点検・評価を行い、自らの業務の質に責任を持つ。依頼や来室による援助の開始方法、援助の技術的質、記録や報告、他職種との連携、最新知識や技術を得る自己研鑽など、さまざまな面で点検・評価を行う。業務の統計的把握やニード調査などにより、あるいは教育的・管理的スーパービジョンを受けるという方法により点検・評価を行う。

Ⅲ．社会に対する倫理責任

Ⅲ－1．（ソーシャル・インクルージョン）ソーシャルワーカーは、人々をあらゆる差別、貧困、抑圧、暴力、環境破壊などから守り、包含的な社会を目指すように努める。

医療ソーシャルワーカーは、クライエントの個別性を尊重する。「個別性を尊重する」とは一人ひとりに「違い」があることを肯定的に受け止めることであり、医療ソーシャルワーカーは、この「違い」をつなぎ合わせた社会を築くことを目指す。

しかし、社会には性、年齢、宗教、国籍、未婚既婚の別、政治的信条、精神的及び身体的障がい、地位あるいは天災など、その人自身の特性あるいはその置かれた状態を理由に差別、抑圧、孤立、排除される人が存在する。医療ソーシャルワーカーはこれらを生み出している社会に焦点を置き、クライエントが権利を行使できる環境を整えることを目指す。そして、クライエントのニーズを制度や政策に反映させるように働き、更に、クライエントが市民として社会参加することを支援する。

また、医療ソーシャルワーカーは、人々の生活と健康を守るため環境問題について社会と責任を共有する。

Ⅲ－２.（社会への働きかけ）　ソーシャルワーカーは、社会に見られる不正義と改善と利用者の問題解決のために、利用者や他の専門職等と連携し、効果的な方法により社会に働きかける。

医療ソーシャルワーカーは、社会全般の福祉を促進するために、クライエント及び保健・医療・福祉関係者と連携し、社会に働きかける。更に、社会正義の促進とクライエントの福利の増進のために、制度・政策の変革に働きかける。そして、クライエントが必要としているサービス及び機会を保障するように行動する。

医療ソーシャルワーカーは、社会への働きかけとして発言や行動をする時は、個人としてのものか、専門職団体または所属組織を代表してのものか態度を明確にして行う。

Ⅲ－３.（国際社会への働きかけ）　ソーシャルワーカーは、人権と社会正義に関する国際的問題を解決するため、全世界のソーシャルワーカーと連帯し、国際社会に働きかける。

医療ソーシャルワーカーはすべての人間を、かけがえのない存在として尊重する。しかしながら、その人の出自、人種、宗教的文化的背景などの違いは、偏見、差別、排除の対象になりうる。そこで、医療ソーシャルワーカーは、ソーシャルワークの価値であるすべての人間の基本的人権と社会正義の実現に向け、国内外のソーシャルワーカーと連携し、国際社会に参加し、世界のソーシャルワーカーや関係者とともに、国際社会に対し働きかける。

Ⅳ．専門職としての倫理責任

Ⅳ－１．（専門職の啓発）　ソーシャルワーカーは、利用者・他の専門職・市民に専門職としての実践を伝え社会的信用を高める。

医療ソーシャルワーカーは、自らの実践が専門職としての実践であることを自覚し、その目的や機能を、利用者・他の専門職・市民に伝えることにより、社会的信用を高める。

Ⅳ－２．（信用失墜行為の禁止）　ソーシャルワーカーは、その立場を利用した信用失墜行為を行わない。

医療ソーシャルワーカーは、専門職としての立場を利用して反社会的・非社会的行為を行わない。さらに、個人として行動する場合も、専門職としての自覚と誇りを持ち、社会的信用を失うことのないよう充分な配慮を持って行動する。

Ⅳ－３．（社会的信用の保持）　ソーシャルワーカーは、他のソーシャルワーカーが専門職業の社会的信用を損なうような場合、本人にその事実を知らせ、必要な対応を促す。

医療ソーシャルワーカーは、他の医療ソーシャルワーカーの社会的信用を損なう行為を発見した場合には、専門職としての自覚と誇りを持って本人と話し合い、クライエントあるいは所属機関、社会に対して必要な対応を行うよう促す。

その行為が明らかに本倫理綱領に反しかつ、本人が忠告に従わない場合、必要な対応を行う。

Ⅳ－4.（専門職の擁護）ソーシャルワーカーは、不当な批判をうけることがあれば、専門職として連帯し、その立場を擁護する。

医療ソーシャルワーカーの専門性に対して不当な批判を受けた場合は、その不当性を明らかにすると共に、他の医療ソーシャルワーカーと連帯し、互いにその立場を擁護するよう努力する。

Ⅳ－5.（専門性の向上）ソーシャルワーカーは、最良の実践を行うために、スーパービジョン、教育・研修に参加し、援助方法の改善と専門性の向上を図る。

専門職として成長し続けるためには研鑽を続けなければならない。医療ソーシャルワーカーは援助方法の改善と専門性の向上のためにさまざまな研鑽の機会を求め、スーパービジョン、教育、研修などに参加する。「経験に頼る」援助はよりよい援助にはなり得ない。

Ⅳ－6.（教育・訓練・管理における責務）ソーシャルワーカーは教育・訓練・管理に携わる場合、相手の人権を尊重し、専門職としてのよりよい成長を促す。

医療ソーシャルワーカーは経験や職位により、他の医療ソーシャルワーカーへの教育・訓練・管理に携わることになる。その場合も、ソーシャルワークの倫理的責任に誠実に行動し、専門職として成長するよう働きかける。

また、他専門職からコンサルテーションを求められる場合も同様に、互いの専門性を尊重するとともに、ソーシャルワークの専門性に対して誇りを持ち対応する。

医療ソーシャルワーカー全体の健全な発達のために、適切な研修やスーパービジョンを企画・運営し、専門性に貢献する。

さらに、次世代の医療ソーシャルワーカーを育成するためにも、実習教育等に協力し、その持てる知識・技術・経験を惜しみなく発揮するよう努力する。

Ⅳ－7．（調査・研究）ソーシャルワーカーは、すべての調査・研究過程でクライエントの人権を尊重し、倫理性を確保する。

医療ソーシャルワーカーは、ソーシャルワークの実践者であり研究者である。医療ソーシャルワーカーは、調査・研究を実施し、研究会、学会や国際会議、集会等において、その研究発表や報告を行う。ソーシャルワーク調査・研究の実施と、その発展により、ソーシャルワークの価値の実現をはかる。調査・研究過程において、医療ソーシャルワーカーは、クライエントと研究にかかわるすべての人々の人権を尊重する。すなわち、その人々の調査・研究の主旨の説明を受ける権利、調査研究への参加・拒否の権利、調査・研究の参加・拒否にともなう不利益がないことの保証、匿名性の保証、調査・研究結果を開示し報告する内容・場所・方法をあらかじめ明示し、以上の調査・研究倫理を守る。

〈資料２〉

医療ソーシャルワーカー業務指針

〔厚生労働省保健局長通知　平成14年11月29日健康発第１１２９００１号〕

一　**趣旨**

少子・高齢化の進展、疾病構造の変化、一般的な国民生活水準の向上や意識の変化に伴い、国民の医療ニーズは高度化、多様化してきている。また、科学技術の進歩により、医療技術も、ますます高度化し、専門化してきている。このような医療をめぐる環境の変化を踏まえ、健康管理や健康増進から、疾病予防、治療、リハビリテーションに至る包括的、継続的医療の必要性が指摘されるとともに、高度化し、専門化する医療の中で患者や家族の不安感を除去する等心理的問題の解決を援助するサービスが求められている。

近年においては、高齢者の自立支援をその理念として介護保険制度が創設され、制度の定着・普及が進められている。また、老人訪問看護サービスの制度化、在宅医療・訪問看護を医療保険のサービスと位置づける健康保険法の改正等や医療法改正による病床区分の見直し、病院施設の機能分化も行われた。さらに、民法の改正等による成年後見制度の見直しや社会福祉法における福祉サービス利用援助事業の創設に加え、平成15年度より障害者福祉制度が、支援費制度に移行するなどの動きの下、高齢者や精神障害者、難病患者等が、疾病をもちながらもできる限り地域や家庭において自立した生活を送るために、医療・保健・福祉のそれぞれのサービスが十分な連携の下に、総合的に提供されることが重要となってきている。また、児童虐待や配偶者からの暴力が社会問題となる中で、保健医療機関がこうしたケースに関わることも決してまれではなくなっている。

このような状況の下、病院等の保健医療の場において、社会福祉の立場から患者のかかえる経済的、心理的・社会的問題の解決、調整を援助し、社会復帰の促進を図る医療ソーシャルワーカーの果たす役割に対する期待は、ますます大きくなってきている。

しかしながら、医療ソーシャルワーカーは、近年、その業務の範囲が一定程度明確となったものの、一方で、患者や家族のニーズは多様化しており、医療ソーシャルワーカーは、このような期待に十分応えているとはいい難い。精神保健福祉士については、すでに精神保健福祉士法によって資格が法制化され、同法に基づき業務が行われているが、医療ソーシャルワーカー全体の業務の内容について規定したものではない。

この業務指針は、このような実情に鑑み、医療ソーシャルワーカー全体の業務の範囲、方法等について指針を定め、資質の向上を図るとともに、医療ソーシャルワーカーが社会福祉学を基にした専門性を十分発揮し業務を適正に行うことができるよう、関係者の理解の促進に資することを目的とするものである。

本指針は病院を始めとし、診療所、介護老人保健施設、精神障害者社会復帰施設、保健所、精神保健福祉センター等様々な保健医療機関に配置されている医療ソーシャルワーカーについて標準的業務を定めたものであるので、実際の業務を行うに当たっては、他の医療スタッフ等と連携し、それぞれの機関の特性や実情に応じた業務のウェート付けを行うべきことはもちろんであり、また、学生の実習への協力等指針に盛り込まれていない業務を行うことを妨げるものではない。

二　業務の範囲

医療ソーシャルワーカーは、病院等において管理者の監督の下に次のような業務を行う。

(1)　療養中の心理的・社会的問題の解決、調整援助

入院、入院外を問わず、生活と傷病の状況から生ずる心理的・社会的問題の予防や早期の対応を行うため、社会福祉の専門的知識及び技術に基づき、これらの諸問題を予測し、患者やその家族からの相談に応じ、次のような解決、調整に必要な援助を行う。

①受診や入院、在宅医療に伴う不安等の問題の解決を援助し、心理的に支援すること。

②患者が安心して療養できるよう、多様な社会資源の活用を念頭に置いて、療養中の家事、育児、教育就労等の問題の解決を援助すること。

③高齢者等の在宅療養環境を整備するため、在宅ケア諸サービス、介護保険給付等についての情報を整備し、関係機関、関係職種等との連携の下に患者の生活と傷病の状況に応じたサービスの活用を援助すること。

④傷病や療養に伴って生じる家族関係の葛藤や家族内の暴力に対応し、その緩和を図るなど家族関係の調整を援助すること。

⑤患者同士や職員との人間関係の調整を援助すること。
⑥学校、職場、近隣等地域での人間関係の調整を援助すること。
⑦がん、エイズ、難病等傷病の受容が困難な場合に、その問題の解決を援助すること。
⑧患者の死による家族の精神的苦痛の軽減・克服、生活の再設計を援助すること。
⑨療養中の患者や家族の心理的・社会的問題の解決援助のために患者会、家族会等を育成、支援すること。

(2) 退院援助

生活と傷病や障害の状況から退院・退所に伴い生ずる心理的・社会的問題の予防や早期の対応を行うため、社会福祉の専門的知識及び技術に基づき、これらの諸問題を予測し、退院・退所後の選択肢を説明し、相談に応じ、次のような解決、調整に必要な援助を行う。

①地域における在宅ケア諸サービス等についての情報を整備し、関係機関、関係職種等との連携の下に、退院・退所する患者の生活及び療養の場の確保について話し合いを行うとともに、傷病や障害の状況に応じたサービスの利用の方向性を検討し、これに基づいた援助を行うこと。
②介護保険制度の利用が予想される場合、制度の説明を行い、その利用の支援を行うこと。また、この場合、介護支援専門員等と連携を図り、患者、家族の了解を得た上で入院中に訪問調査を依頼するなど、退院準備について関係者に相談・協議すること。
③退院・退所後においても引き続き必要な医療を受け、地域の中で生活をすることができるよう、患者の多様なニーズを把握し、転院のための医療機関、退院・退所後の介護保険施設、社会福祉

施設等利用可能な地域の社会資源の選定を援助すること。なお、その際には、患者の傷病・障害の状況に十分留意すること。

④転院、在宅医療等に伴う患者、家族の不安等の問題の解決を援助すること。

⑤住居の確保、傷病や障害に適した改修等住居問題の解決を援助すること。

(3) 社会復帰援助

退院・退所後において、社会復帰が円滑に進むように、社会福祉の専門的知識及び技術に基づき、次のような援助を行う。

①患者の職場や学校と調整を行い、復職、復学を援助すること。

②関係機関、関係職種との連携や訪問活動等により、社会復帰が円滑に進むように転院、退院・退所後の心理的・社会的問題の解決を援助すること。

(4) 受診・受療援助

入院、入院外を問わず、患者やその家族等に対する次のような受診、受療の援助を行う。

①生活と傷病の状況に適切に対応した医療の受け方、病院・診療所の機能等の情報提供等を行うこと。

②診断、治療を拒否するなど医師等の医療上の指導を受け入れない場合に、その理由となっている心理的・社会的問題について情報を収集し、問題の解決を援助すること。

③診断、治療内容に関する不安がある場合に、患者、家族の心理的・社会的状況を踏まえて、その理解を援助すること。

④心理的・社会的原因で症状の出る患者について情報を収集し、医師等へ提供するとともに、人間

関係の調整、社会資源の活用等による問題の解決を援助すること。
⑤入退院・入退所の判定に関する委員会が設けられている場合には、これに参加し、経済的、心理的・社会的観点から必要な情報の提供を行うこと。
⑥その他診療に参考となる情報を収集し、医師、看護師等へ提供すること。
⑦通所リハビリテーション等の支援、集団療法のためのアルコール依存症者の会等の育成、支援を行うこと。

(5) 経済的問題の解決、調整援助

入院、入院外を問わず、患者が医療費、生活費に困っている場合に、社会福祉、社会保険等の機関と連携を図りながら、福祉、保険等関係諸制度を活用できるように援助する。

(6) 地域活動

患者のニーズに合致したサービスが地域において提供されるよう、関係機関、関係職種等と連携し、地域の保健医療福祉システムづくりに次のような参画を行う。

①他の保健医療機関、保健所、市町村等と連携して地域の患者会、家族会等を育成、支援すること。
②他の保健医療機関、福祉関係機関等と連携し、保健・医療・福祉に係る地域のボランティアを育成、支援すること。
③地域ケア会議等を通じて保健医療の場から患者の在宅ケアを支援し、地域ケアシステムづくりへ参画するなど、地域におけるネットワークづくりに貢献すること。
④関係機関、関係職種等と連携し、高齢者、精神障害者等の在宅ケアや社会復帰について地域の理

解を求め、普及を進めること。

三　業務の方法等

保健医療の場において患者やその家族を対象としてソーシャルワークを行う場合に採るべき方法・留意点は次のとおりである。

(1)　個別援助に係る業務の具体的展開

患者、家族への直接的な個別援助では、面接を重視するとともに、患者、家族との信頼関係を基盤としつつ、医療ソーシャルワーカーの認識やそれに基づく援助が患者、家族の意思を適切に反映するものであるかについて、継続的なアセスメントが必要である。

具体的展開としては、まず、患者、家族や他の保健医療スタッフ等から相談依頼を受理した後の初期の面接では、患者、家族の感情を率直に受け止め、信頼関係を形成するとともに、主訴等を聴取して問題を把握し、課題を整理・検討する。次に、患者及び家族から得た情報に、他の保健医療スタッフ等からの情報を加え、整理、分析して課題を明らかにする。援助の方向性や内容を検討した上で、援助の目標を設定し、課題の優先順位に応じて、援助の実施方法の選定や計画の作成を行う。援助の実施に際しては、面接やグループワークを通じた心理面での支援、社会資源に関する情報提供と活用の調整等の方法が用いられるが、その有効性について、絶えず確認を行い、有効な場合には、患者、家族と合意の上で終結の段階に入る。また、モニタリングの結果によっては、問題解決により適した援助の方法へ変更する。

(2) 患者の主体性の尊重

保健医療の場においては、患者が自らの健康を自らが守ろうとする主体性をもって予防や治療及び社会復帰に取り組むことが重要である。したがって、次の点に留意することが必要である。

①業務に当たっては、傷病に加えて経済的、心理的・社会的問題を抱えた患者が、適切に判断ができるよう、患者の積極的な関わりの下、患者自身の状況把握や問題整理を援助し、解決方策の選択肢の提示等を行うこと。

②問題解決のための代行等は、必要な場合に限るものとし、患者の自律性、主体性を尊重するようにすること。

(3) プライバシーの保護

一般に、保健医療の場においては、患者の傷病に関する個人情報に係るので、プライバシーの保護は当然であり、医療ソーシャルワーカーは、社会的に求められる守秘義務を遵守し、高い倫理性を保持する必要がある。また、傷病に関する情報に加えて、経済的、心理的、社会的な個人情報にも係ること、また、援助のために患者以外の第三者との連絡調整等を行うことから、次の点に特に留意することが必要である。

①個人情報の収集は援助に必要な範囲に限ること。

②面接や電話は、独立した相談室で行う等第三者に内容が聞こえないようにすること。

③記録等は、個人情報を第三者が了解なく入手できないように保管すること。

④第三者との連絡調整を行うために本人の状況を説明する場合も含め、本人の了解なしに個人情報

を漏らさないこと。

⑤第三者からの情報の収集自体がその第三者に患者の個人情報を把握させてしまうこともあるので十分留意すること。

⑥患者からの求めがあった場合には、できる限り患者についての情報を説明すること。ただし、医療に関する情報については、説明の可否を含め、医師の指示を受けること。

(4) 他の保健医療スタッフ及び地域の関係機関との連携

保健医療の場においては、患者に対し様々な職種の者が、病院内あるいは地域において、チームを組んで関わっており、また、患者の経済的、心理的・社会的問題と傷病の状況が密接に関連していることも多いので、医師の医学的判断を踏まえ、また、他の保健医療スタッフと常に連携を密にすることが重要である。したがって、次の点に留意が必要である。

①他の保健医療スタッフからの依頼や情報により、医療ソーシャルワーカーが係るべきケースについて把握すること。

②対象患者について、他の保健医療スタッフから必要な情報提供を受けると同時に、診療や看護、保健指導等に参考となる経済的、心理的・社会的側面の情報を提供する等相互に情報や意見の交換をすること。

③ケース・カンファレンスや入退院・入退所の判定に関する委員会が設けられている場合にはこれへの参加等により、他の保健医療スタッフと共同で検討するとともに、保健医療状況についての一般的な理解を深めること。

④必要に応じ、他の保健医療スタッフと共同で業務を行うこと。
⑤医療ソーシャルワーカーは、地域の社会資源との接点として、広範で多様なネットワークを構築し、地域の関係機関、関係職種、患者の家族、友人、患者会、家族会等と十分な連携・協力を図ること。
⑥地域の関係機関の提供しているサービスを十分把握し、患者に対し、医療、保健、福祉、教育、就労等のサービスが総合的に提供されるよう、また、必要に応じて新たな社会資源の開発が図られるよう、十分連携をとること。
⑦ニーズに基づいたケア計画に沿って、様々なサービスを一体的・総合的に提供する支援方法として、近年、ケアマネジメントの手法が広く普及しているが、高齢者や精神障害者、難病患者等が、できる限り地域や家庭において自立した生活を送ることができるよう、地域においてケアマネジメントに携わる関係機関、関係職種等と十分に連携・協力を図りながら業務を行うこと。

(5) 受診・受療援助と医師の指示

医療ソーシャルワーカーが業務を行うに当たっては、(4)で述べたとおり、チームの一員として、医師の医学的判断を踏まえ、また、他の保健医療スタッフとの連携を密にすることが重要であるが、なかでも二の(4)に掲げる受診・受療援助は、医療と特に密接な関連があるので、医師の指示を受けて行うことが必要である。特に、次の点に留意が必要である。
①医師からの指示により援助を行う場合はもとより、患者、家族から直接に受診・受療についての相談を受けた場合及び医療ソーシャルワーカーが自分で問題を発見した場合等も、医師に相談し、医師の指示を受けて援助を行うこと。

②受診・受療援助の過程においても、適宜医師に報告し、指示を受けること。
③医師の指示を受けるに際して、必要に応じ、経済的、心理的・社会的観点から意見を述べること。

(6) 問題の予測と計画的対応
①実際に問題が生じ、相談を受けてから業務を開始するのではなく、社会福祉の専門的知識及び技術を駆使して生活と傷病の状況から生ずる問題を予測し、予防的、計画的な対応を行うこと。
②特に退院援助、社会復帰援助には時間を要するものが多いので入院、受療開始のできるかぎり早い時期から問題を予測し、患者の総合的なニーズを把握し、病院内あるいは地域の関係機関、関係職種等との連携の下に、具体的な目標を設定するなど、計画的、継続的な対応を行うこと。

(7) 記録の作成等
①問題点を明確にし、専門的援助を行うために患者ごとに記録を作成すること。
②記録をもとに医師等への報告、連絡を行うとともに、必要に応じ、在宅ケア、社会復帰の支援等のため、地域の関係機関、関係職種等への情報提供を行うこと。その場合、(3)で述べたとおり、プライバシーの保護に十分留意する必要がある。
③記録をもとに、業務分析、業務評価を行うこと。

四 その他

医療ソーシャルワーカーがその業務を適切に果たすために次のような環境整備が望まれる。

(1) 組織上の位置付け

保健医療機関の規模等にもよるが、できれば組織内に医療ソーシャルワークの部門を設けることが望ましい。医療ソーシャルワークの部門を設けられない場合には、診療部、地域医療部、保健指導部等他の保健医療スタッフと連携を採りやすい部門に位置付けることが望ましい。事務部門に位置付ける場合にも、診療部門等の諸会議のメンバーにする等日常的に他の保健医療スタッフと連携を採れるような位置付けを行うこと。

(2) 患者、家族等からの理解

病院案内パンフレット、院内掲示等により医療ソーシャルワーカーの存在、業務、利用のしかた等について患者、家族等からの理解を得るように努め、患者、家族が必要に応じ安心して適切にサービスを利用できるようにすること。また、地域社会からも、医療ソーシャルワーカーの存在、業務内容について理解を得るよう努力すること。医療ソーシャルワーカーが十分に活用されるためには、相談することのできる時間帯や場所等について患者の利便性を考慮する、関連機関との密接な連絡体制を整備する等の対応が必要である。

(3) 研修等

医療・保健・福祉をめぐる諸制度の変化、諸科学の進歩に対応した業務の適正な遂行、多様化する患者のニーズに的確に対応する観点から、社会福祉等に関する専門的知識及び技術の向上を図ること等を目的とする研修及び調査、研究を行うこと。なお、三(3)プライバシーの保護に係る留意事項や一定の医学的知識の習得についても配慮する必要があること。

また、経験年数や職責に応じた体系的な研修を行うことにより、効率的に資質の向上を図るよう努めることが必要である。

〈資料3〉

アンケートについてのお願い

関係各位殿

皆様には、益々のご清祥のこととお喜び申し上げます。

この度は大変ご多忙のところ、突然にアンケートのご協力をお願いいたしましたこと、何卒ご容赦くださいませ。

介護保険制度導入や昨今の相次ぐ医療法の改正は、ソーシャルワークプロセスの環境調整においての介護支援専門員へのバトンタッチや、医療機関の機能分化から、脳血管障害の患者の発症から尊厳のある地域生活への獲得を目的とした一連のソーシャルワーク援助の「中断化」、「分断化」を招きました。そのような中、医療機関の連携の下に脳血管障害の患者の一連の医療を保障するため、各地域で地域連携クリティカルパスの取り組みが始まっています。

本調査は、中断化、分断化をきたした脳血管障害の患者のソーシャルワーク援助のシームレス化を獲得し、脳血管障害の患者および家族の地域における尊厳ある生活を獲得することを目的に、現在取り組みが始まっている地域連携クリティカルパスのソーシャルワーカーの介入状況や、課題について検討を行なうものです。

皆様には、日々の業務に大変ご多忙のことと存じますが、何卒、ご協力くださいますようよろしくお願い申し上げます。尚、本調査依頼は、関西2府4件150の医療機関の日本医療社会事業協会・大阪医療ソーシャルワーカー協会の会員の方々から無作為抽出にて150名の方々を抽出させていただき、郵送にてアンケートのご依頼を申し上げております。どうぞ、研究の意図をお汲み取り下さいまして、お手数ではございますが、同封のアンケート用紙にご記入の上、ご返送くださいますようよろしくお願い申し上げます。（ご返送は、 2008年7月31日までにお願いいたします。）

皇學館大学社会福祉学部　准教授

日本医療社会事業協会、大阪医療ソーシャルワーカー協会会員

安井 豊子

2008年7月5日

〈質問・回答用紙〉

以下の質問の該当の箇所（　　）に〇をお付け下さい。また、記述でお答えいただく質問もいくつかありますが、それについては、自由回答でお答え下さい。

〈質問 1〉

医療ソーシャルワーカーとしての経験年数をお答え下さい。

A. 3年未満（　　） B. 5年未満（　　） C. 10年未満（　　）

D. 10年以上（　　）

〈質問 2〉

取得されている資格についてお答え下さい。（複数回答可）

A. 社会福祉士（　　） B. 精神保健福祉士（　　）

C. 介護支援専門員（　　）

D. その他（　　　　　　　　　　　）

〈質問 3〉

貴医療機関の機能についてお答え下さい。（複数回答可）

A. 急性期医療機関（　　） B. 回復期リハビリテーション病院（　　） C. 療養型（　　） D. 老人保健施設（　　）

E. その他（　　　　　　　　　　　）

〈質問 4〉

患者の退院・転院援助の際、貴医療機関では地域連携クリティカルパスの取り組みをされていますか。

A. している（　　） B. していない（　　）

〈質問５〉

質問４でＡと答えた方についておたずねいたします。

どのような疾患について地域連携クリティカルパスの取り組みをされていますか。疾患名をご記入下さい。

（　　　　　　　　　　　　　　　　　　　　　　　　　　　　　　　）

〈質問６〉

脳血管障害（以下 CVA と略します）の患者またその家族への援助を行なっていますか。
A.　行なっている（　　）　B.　行なっていない（　　）
＊これより以下の質問は、質問６でＡと答えた方のみお答え下さい。
〈質問７〉
CVA 患者または、その家族への援助の中で最も多くを行なっているものは、以下のどれに当たりますか。上位２つに○をお付け下さい。
A.　経済的な援助（　　）　B.　障害受容に伴う援助（　　）
C.　介護保険をはじめとする社会資源の紹介および適切な活用（　　）
D.　退院・転院に伴う援助（　　）　E.　家族関係の調整（　　）
F.　他機関あるいは地域との連絡調整（　　）
G.　その他（　　　　　　　　　　）
〈質問８〉
CVA 患者の退院・転院援助の際、貴医療機関では地域連携クリティカルパスの取り組みはされていますか。
A.　している（　　）　B.　していない（　　）
〈質問９〉

退院・転院援助の際、転院先の医療機関や地域に対し、独自のソーシャルワークに関する紹介を行なっておられるようでしたらお教え下さい。（例えば独自のサマリーを作成している等。）

（　　　　　　　　　　　　　　　　　　　　　　　　　　　　　　）

＊これ以下の質問は、質問８でＡと答えた方におたずねします。

〈質問 10〉

現在活用されているCVA 地域連携クリティカルパスの様式は、地域関係医療機関で統一されたものを使用されていますか。あるいは独自の様式を使用されていますか。

A. 統一の様式を使用している（　　）B. 独自の様式を使用している（　　）C. その他（　　　　　　　　　　　　　）

〈質問 11〉

現在使用されている地域連携クリティカルパスにはソーシャルワークにおける連携が配慮されていると思われますか。

A. 十分配慮されている（　　）B. 配慮されている（　　）

C. あまり配慮されていない（　　）D. 配慮されていない（　　）

〈質問 12〉

質問 11 でＣまたはＤと答えた方におたずねします。

どのような点が配慮されていないとお考えですか。下記にご記入下さい。

〈質問13〉

これ以降は、調査に御協力下さいましたすべての方におたずねします。医療機関の機能分化以降、医療ソーシャルワーカーや地域包括支援センターのソーシャルワーカー、また介護支援専門員との連携に関してどのような困難を抱えておられますか。

〈質問14〉

医療機関の機能分化下での医療ソーシャルワークをシームレス化するにあたり、お考えになっておられることをご記入下さい。

＊御多忙の中、調査にご協力頂き、まことにありがとう存じました。

〈資料 4〉

アンケートについてのお願い

関係各位殿

皆様には、益々のご清祥のこととお喜び申し上げます。

この度は大変ご多忙のところ、突然にアンケートのご協力をお願いいたしましたこと、何卒ご容赦下さいませ。

2000 年以降、この 10 年間の医療ソーシャルワークを取り巻く状況の変化は著しく、厳しいものでありました。2000 年以降の保健医療・福祉の政策的展開すなわち、介護保険制度導入や第 3 次から第 5 次に至る医療法の改正、また、診療報酬制度の改正は、ソーシャルワークプロセスの環境調整においての介護支援専門員へのバトンタッチや、医療機関の機能分化から、脳血管障害の患者の発症から尊厳のある地域生活への獲得を目的とした一連のソーシャルワーク援助の「中断化」、「分断化」を招きました。

そのような中、医療機関の連携の下に脳血管障害の患者の一連の医療を保障するため、各地域で地域連携クリティカルパスの取り組みがなされています。しかしながら、現在行われている地域連携クリティカルパスは、あくまでも身体的治療、リハビリテーションを中心とした情報のパスであり、それらを効果的にする意味での心理・社会的情報はパス様式の中にも項目はあるものの、決してソーシャルワークのプロセスを連鎖させて行くものとは言いがたいと思われます。

本調査は、上記のように中断化、分断化をきたした脳血管障害の患者のソーシャルワーク援助のシームレス化を獲得し、脳血管障害の患者および家族の地域における尊厳ある生活を獲得することを目的に、既存の地域連携クリティカルパスと平行して行う「医療ソーシャルワークパス」の必要性について、実践に従事されている医療ソーシャルワーカーの方々のご意見をおうかがいするものです。

皆様には、日々の業務に大変ご多忙のことと存じますが、何卒、ご協力下さいますようよろしくお願い申し上げます。尚、本調査依頼は、日本医療社会事業協会の会員の方々から2008年12月に発行されました「日本医療社会事業協会会員名簿」より無作為抽出にて300名の方々を抽出させていただき、郵送にてアンケートのご依頼を申し上げております。どうぞ、研究の意図をお汲み取り下さいまして、お手数ではございますが、同封のアンケート用紙にご記入の上、ご返送いただきますようよろしくお願い申し上げます。（ご返送は、2009年10月15日までにお願いいたします。）

敬和学園大学　人文学部共生社会学科　准教授
日本医療社会事業協会会員

安井 豊子

2009年9月15日

〈質問・回答〉

以下の質問について該当するものの（　）に○をつけて下さい。また、記述式の質問については、自由回答でお答え下さい。

質問1：貴方の取得されている資格についてお答え下さい。（複数回答可）

A．社会福祉士（　）　B．精神保健福祉士（　）　C．介護支援専門員（　）　D．社会福祉主事任用資格（　）

E．その他（　　　　　　　　　　　　　）

質問2：貴機関は、以下の機能別に分けるとどれに該当しますか？（複数回答可）

A．急性期医療機関（　）　B．回復期リハビリテーション病院（　）　C．療養型（　）　D．老人保健施設（　）　E．在宅介護支援センター（　）　F．地域包括支援センター（　）

G．その他（　　　　　　　　　　　　　　　）

質問3：貴機関は、脳血管障害（以下CVAと略す）の患者の医療を行っていますか？

A．行っている（　）　B．行っていない（　）

質問4：質問3で「行っている」と答えた方のみお答え下さい。

貴機関ではCVA 患者の医療ソーシャルワーク援助を行っていますか？

A．行っている（　）　B．行っていない

質問5：質問4で「行っている」と答えた方のみお答え下さい。

貴機関ではCVA 患者の地域連携クリティカルパスの取り組みを行っていますか？

A．行っている（　）　B．行っていない（　）

質問6：質問5で「行っている」と答えた方のみお答え下さい。

医療ソーシャルワーカーは、CVA 患者の地域連携クリティカルパスに関わっていますか？

A．関わっている（　）　B．関わっていない（　）

質問7：質問6で「関わっていない」と答えた方のみお答え下さい。

CVA 患者の入院、転院や在宅への移行の際、他機関との間でソーシャルワークパスを独自の方法（文書や電話連絡等）で行っていますか？

A．行っている（　）　B．行っていない（　）

以下の質問8から質問14については、CVA 患者の地域連携クリティカルパスに関わる中で問題と思われることについておたずねします。質問6でCVA 患者の地域連携クリティカルパスに医療ソーシャルワーカーが、「関わっている」と答えた方のみお答え下さい。

質問８：現在活用されている地域連携クリティカルパス様式についておたずねします。(複数回答可)

A．心理社会的情報項目が不十分である(　)

B．ソーシャルワークプランについて記入する項目がない（　）

C．クライエントの活用可能な社会資源についての情報が不足している（　）

D．その他（具体的に：　　　　　　　　　　　　　　　　　）

質問９：貴方が所属されている機関についておたずねします。(複数回答可)

A．所属機関の地域連携に対する活動そのものが消極的である(　)

B．所属機関内のCVA患者の地域連携クリティカルパスを進めていく上でのチームワークがスムーズでない（　）

C．他の医療スタッフの医療ソーシャルワークへの理解が乏しい（　）

D．他の医療スタッフは患者の身体的治療経緯しか見ていない（　）

E．その他（具体的に：　　　　　　　　　　　　　　　　　）

質問10：CVA患者の地域連携クリティカルパスの貴機関との連携先である他機関についておたずねします。(複数回答可)

A．ソーシャルワークの専門性（地域・価値・倫理）を持つソーシャルワーカーが必ずしもいるとは限らない（　）

B．身体的情報以外の情報を必要としない（　）

C．理念（CVA 患者の生存・生活権保障を地域保健医療・福祉機関のコラボレーションのもとで推進する）の共有化が出来ない（　）

D．その他（具体的に:　　　　　　　　　　　　　　　　　　　）

質問 11：CVA 患者の地域連携クリティカルパスを展開する上での関係機関のソーシャルワーカーについておたずねします。（複数回答可）

A．ソーシャル面での情報を必要としない（　）

B．ソーシャルワーカーの専門性を有していない（　）

C．CVA 患者の生存・生活権保障に基づく援助の視点を共有できない（　）

D．その他（具体的に:　　　　　　　　　　　　　　　　　　　）

質問 12：質問 8 から質問 11 での回答以外に、現在 CVA 患者の地域連携クリティカルパスに関わっている中で、課題であると思われることがありましたら、以下にご記入下さい。

質問 13：現在活用している CVA の地域連携クリティカルパスの様式と平行して、地域連携医療ソーシャルワークパス様式を必要と思いますか？

A．必要と思う（　）

B．必要と思わない（　）→理由をお書き下さい。例えば、これ以上書類作りに時間を割けない。連携先がクライエントの情報を今以上に必要としていない。等々

（　　　　　　　　　　　　　　　　　　　　　　　　　）

質問 14：質問 13 で必要と答えた方のみお答え下さい。

地域連携医療ソーシャルワークパス様式を作成する場合、どのような内容を盛り込む必要がありますか？（複数回答可）

A．ソーシャルワーカーによるアセスメントにもとづいたクライエントの課題（　）

B．クライエントの心理社会的状況（　）

C．クライエントの活用可能な社会資源（　）

D．短期的ゴールと長期的ゴールを設定したソーシャルワークプラン（　）

E．クライエントに関する今後の情報交換の方法（　）

F．その他（具体的に：　　　　　　　　　　　　　　　　　）

質問 15：医療機関の機能分化の中で、CVA の地域連携クリティカルパスが、クライエントや家族の生存・生活権を保障していくものとしての大切なツールとなっていくためにはまだまだ課題は残

されていると思われます。どうぞ、貴重なご意見を下記にご記入下さい。

＊ご多忙の中、本調査にご協力くださいましたこと、心より感謝申し上げます。

謝辞

本著は、筆者が２００１年４月に入学した関西学院大学大学院社会学研究科社会福祉学専攻博士後期課程在籍中、そして２００４年４月以降、研究生として人間福祉学部人間福祉学研究科に籍を置き、その後２０１２年から３年間、新潟医療福祉大学大学院医療福祉学専攻博士後期課程に在籍をした間の14年間の研究報告である。

関西学院大学大学院在籍中、故高田眞治教授には指導教授として、本研究の礎となる理論、研究の視点、研究方法、そして何より研究への取り組み姿勢をご指導戴いた。ここに深く感謝の意を表する。また、新潟医療福祉大学大学院にて指導教授として、本著への取り組みの過程においてご助言を戴くとともにご指導を戴いた横山豊治教授に、調査研究の方法や解析について、有益なご助言を戴き、本著の組み立てから細やかなご指導を頂戴した関西医科大学名誉教授・有田清三郎先生に深謝の意を表する。

また、調査研究にあたり、ご協力下さった医療機関のソーシャルワーカーの方々に深く感謝の意を表す。

そして、本著文内で使用している図表のデザインにつきご協力を戴いた株式会社ウィッシュの黒見千鶴さん、本著の出版に当たり、ご支援いただいた株式会社風詠社の大杉様に深く感謝の意を表する。

最後に、いつもあたたかく励まし、見守ってくれた家族の一人一人に心から感謝の意を表する。

二〇一五年十月

本著は、「敬和学園大学学術図書出版助成費」にもとづき出版されたものである。

◎プロフィール

安井 豊子（やすい とよこ）
敬和学園大学 人文学部 共生社会学科 教授

■略歴

１９５５年　大阪府生まれ
１９８０年　立命館大学産業社会学部 卒業
１９８０－１９９０年　医療ソーシャルワーク実践
１９９１年　佛教大学社会学部社会福祉学科通信課程 卒業
１９９３年　立命館大学大学院社会学研究科修士課程 修了（修士（社会学））
２００４年　関西学院大学大学院社会学研究科社会福祉専攻博士課程後期課程 単位取得満期退学
２０１５年　新潟医療福祉大学大学院医療福祉学研究科医療福祉学専攻博士課程後期課程 修了（博士（保健学））
岐阜経済大学、皇学館大学を経て２００９年より　敬和学園大学
社会福祉士（登録番号：７７６号）

■主な著書・論文

- 『介護保険と人権』　かもがわ出版、１９９９年。（共著）
- 『医療ソーシャルワーク』　久美株式会社、２００４年。（共著）
- 『医療福祉学の道標』　金芳堂、２０１１年。（共著）
- 「ＣＶＡ患者の保険医療ソーシャルワークプロセスの連続性確保に向けて－ＭＳＷのＣＶＡ地域連携クリティカルパスへの介入の視点から－」　医療と福祉　№88　Ｖｏｌ．44－№１、２０１０年。（単著）
- "Components for working toward seamless medical social work for patients with cerebrovascular accident:Scope of development of health,medicine and welfare policy" Niigata Journal of Health and Welfare Vol.13(1)2013（単著）

CVA保健医療ソーシャルワークと人権

2016年1月23日　第1刷発行

著　者　安井豊子
発行人　大杉　剛
発行所　株式会社 風詠社
〒553-0001　大阪市福島区海老江5-2-7
ニュー野田阪神ビル4階
TEL 06（6136）8657　http://fueisha.com/
発売元　株式会社 星雲社
〒112-0012 東京都文京区大塚3-21-10
TEL 03（3947）1021
印刷・製本　シナノ印刷株式会社

ISBN978-4-434-21395-3 C3036